高 等 院 校 课 程 思 政 教 材
高等院校艺术设计专业精品系列教材
“互联网+”新形态立体化教学资源特色教材

文创产品设计

肖 勇 侯锐淼 王 靓 编著

中国轻工业出版社

图书在版编目（CIP）数据

文创产品设计 / 肖勇，侯锐森，王靓编著. —北京：中国轻工业出版社，2026.1

ISBN 978-7-5184-4053-5

Ⅰ. ①文… Ⅱ. ①肖… ②侯… ③王… Ⅲ. ①文化产品—产品设计 Ⅳ. ① G114

中国版本图书馆 CIP 数据核字（2022）第 115498 号

责任编辑：徐　琪　　　　责任终审：劳国强　　整体设计：锋尚设计
策划编辑：王　淳　徐　琪　　责任校对：吴大朋　　责任监印：张京华

出版发行：中国轻工业出版社（北京鲁谷东街5号，邮编：100040）
印　　刷：艺堂印刷（天津）有限公司
经　　销：各地新华书店
版　　次：2026年1月第1版第7次印刷
开　　本：889 × 1194　1/16　印张：7.75
字　　数：200千字
书　　号：ISBN 978-7-5184-4053-5　定价：49.80元
邮购电话：010-85119873
发行电话：010-85119832　010-85119912
网　　址：http://www.chlip.com.cn
Email：club@chlip.com.cn

260023J1C107ZBW

前言

文创产品设计是近年来兴起的全新产品设计，是工业产品设计与视觉传达设计的结合体，注入了丰富的创意思维，采用图形设计软件对文化用品、生活用品等进行改造升级，融入知识产权，设计出具有高附加值的产品。文创产品的设计核心是创意，每件作品都需要注入丰富的创意元素，由一个创意点作为支撑，拓展创意思维，形成系统的产品链。在设计过程中，要求设计师对文化历史有深刻分析，全面理解创意设计过程中的文化元素，结合时代特点、社会审美等外部因素，设计出全新的文创产品。

文创产业目前已经成为世界文化发展的新气象，我国正处于文创产业发展的红利期，已经初步形成文创产业规模。不少艺术设计院校都开设了文创产品设计课程，教学突出以人为本，强调创意，希望培养出全新的设计人才。文创设计师应当具备较强的设计、审美、实践制作能力，文创产品设计应不断与制造业、旅游业、营销业等产业相结合，以文创产品设计为核心，全面推动中国文化复兴与产业升级转型，提升全民文化、生活品质。

现在越来越多的功能产品正逐渐融入文化创意元素，成为吸引消费者、满足消费需求的重要商品媒介。文化创意的核心是创造出新意与成果，这些需要提升设计师的个人潜质。本书主要从以下几个方面进行提升。

1. 关注社会热点，文创产品设计师应当具有敏锐的目光，将社会热点快速收纳到设计素材中，进行分析提炼，形成视觉效果突出的创意源备用，随时满足草图创作的需求。

2. 分解产品功能，收集大量优秀的文创产品，并对使用功能进行分解，重新组合，将使用频率高、视觉效果好的功能元素重新组合，形成全新的文创产品，满足消费者的猎奇心理与功能需求。

3. 学习多种转印技能，掌握多种图案、图形转印技术，如丝网印、软膜转印、热转印等技术，能自己动手制作小批量文创产品，设计出精美的样机产品供消费者试用，获取一手的反馈信息，从而调整产品设计。

创意是产生新事物的原动力，文创产品设计的核心就是创意，具有独特的设计思想才能提升设计作品的经济价值。学习文创产品设计不能长期停留在模仿阶段，要在短期内形成突破。虽然有些产品是别人首先设计出来的，但是对其进一步改造，灌输全新的内容，仍能给人耳目一新的感觉。

本书共分为六章，分别介绍了文创产品设计的基础理论、设计要点、产业载体、设计流程等，对文创产品设计步骤进行深度解析，列出不同类型的文创产品案例，循序渐进地提升设计要求，梳理了文创产品与各产业之间相互融合的关系。

在本书的编著过程中，结合编著者多年的设计实践经验，对大量真实案例进行分析，列出典型案例，使设计内容与产品门类趋于完整；能使读者了解文创产品的实用性与艺术性，启发读者全面认知文化产业，提升文化自信与设计自信的创作意识。

编著者

目 录

THE NINE-COLORED DEER

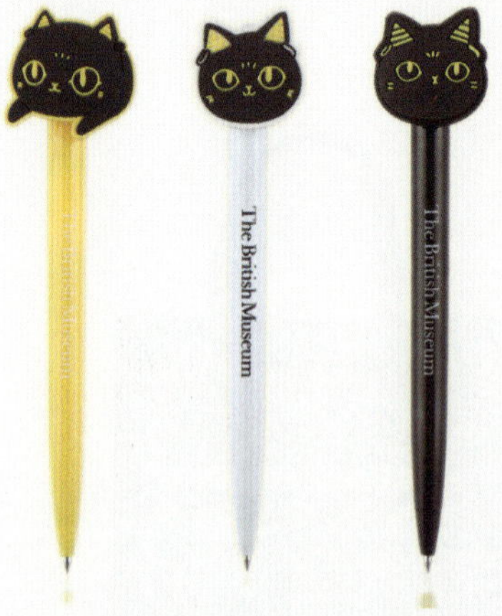

The British Museum
The British Museum

12
1
2
3
4
5
6
7
8
9
10
11

FINGERTIPS ART
CHINA TIDE
福虎临门，四季安康
GOOD LUCK
CHINA TI
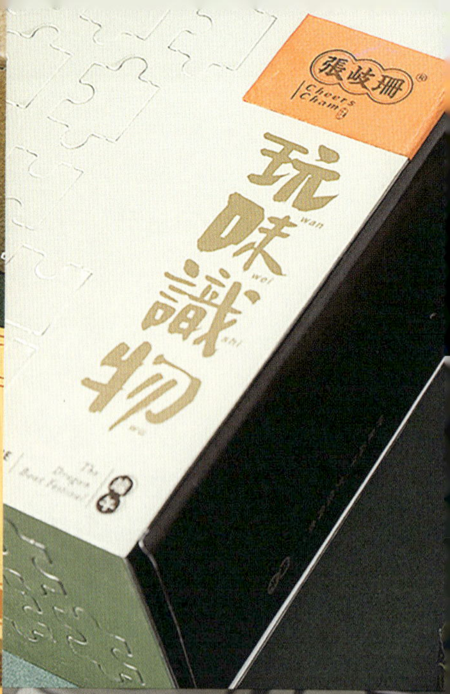
張岐珊
玩味識物

GOOD LUCK
指尖艺术 FINGERTIPS ART
折纸香囊 / ORIGAMI SWEET BURSA
CHINA TIDE
DUAN

張岐珊
玩味識物

GOOD LUCK
GOOD HEALTH

玩味識物
張岐珊
玩味識物

张岐珊设计

第一章

文创产品设计基础

识读难度： ★☆☆☆☆

重点概念： 艺术性、纪念性、承载、一体型、衍生、核心

章节导读：

当今世界各国都在特有文化、符号方向不断深入研究，将文化与创意产业相结合，设计师创作出具有独特品质的文创产品，通过刺激消费者感官来带动经济效益提升。文创设计能推动旅游景点、城市文化的发展，通过高科技手段创造并提升文化资源，将知识产权演变为高附加值产品，具有广阔的经济前景。

PPT课件
请扫码阅读

第一节 认识文创产品

一、文创产品概念

文创产品（文化创意产品）是将设计元素取之于文化主题的创意产品，通过文化精神和现代科技的植入，提升产品的艺术审美价值和使用价值，让消费者感到文化与精神的美学特征，最终达到文化传播的目的。

文创产品是一种艺术衍生品，具有艺术品的符号意义、美学特征，能对原生艺术品进行重构，通过设计者的理解，将文化元素与产品本身的创意相结合，最终形成全新的文创产品（图1-1）。

二、文创产品特点

1. 趣味性

文创产品能吸引消费者关注，主动购买文创产品的消费群体多为“95后”和“00后”，他们能快速接受新观念，思维丰富，追求新潮、酷炫、搞笑等流行元素。因此，在文创产品上体现出鲜明的时代特征，能吸引消费群体的眼球（图1-2）。

2. 实用性

现代消费者在选购产品时，更倾向于购买具有

（a）胶带

（b）马克杯

（c）鼠标垫

图1-1 《罗塞塔石碑》文创产品

图1-1：罗塞塔石碑被称为通往古埃及文明的钥匙，石碑上用埃及象形文字、通俗的古埃及文字、古希腊文字雕刻了同一段诏书，解读出已经失传千余年的埃及象形文字，是大英博物馆的镇馆之宝之一，同时也是文创开发的重点对象。文创产品以石碑为原型，开发了60多种不同的衍生产品，除了较传统的资料书、复制品摆件等硬周边衍生品，还包括服装、文具、饰品、杯子、U盘、胶带、鼠标、玩具等软周边文创产品。

图1-2 小黄鸭玩具

图1-2：小黄鸭是儿童洗澡专用玩具，承载了很多人的童年记忆，在文创设计的思维下，配上各时代士兵的装备特征，如古埃及狮身人面像、古罗马战士等各种形象，使小黄鸭瞬间风靡全球，并成为一种流行文化元素。

实用价值的产品。文创产品不仅要提升识别度，还要注重实用功能，严格控制质量（图1-3）。

3. 艺术性

文创产品设计要合理选择艺术创作元素，融入材质、工艺特性，同时结合文化习俗、风土人情、神话传说、生活方式等，满足当代消费者的艺术审美需求。文创产品要能带给消费者情感享受，从不同角度表现出艺术审美价值（图1-4）。

4. 文化性

小文创带动大文化的趋势，在提取文化元素时，要抓住文化的精神内核，找到共性

图1-3　坠马髻颈枕

图1-3：坠马髻颈枕是以故宫博物院的藏品《唐人宫乐图》中的唐代侍女发型“坠马髻”为灵感，进行创意设计的产品，枕头两侧还装饰有发饰图案，让民众不仅可以戴在头上，也可以枕在颈上，兼具实用性与趣味性。

（a）《海错图》书本灯

（b）《神奈川冲浪里》系列文创

图1-4　艺术性文创产品

图1-4（a）：《海错图》书本灯的设计灵感来源于故宫博物院收藏的《海错图》，以纸张书籍为文化的载体，《海错图》一书记载了古人对光怪陆离的海洋生物的形态想象与描述，同样是纸张书籍形式的《海错图》书本灯，既是书本又是夜灯，书页之间巧妙地设计成百叶式，可任意造型，展现出新颖的文化创意，具有浓厚的复古中国风。

图1-4（b）：《神奈川冲浪里》系列文创是以日本画家葛饰北斋于19世纪初期创作的一幅彩色浮世绘版画作品为灵感，结合不同材质与工艺表现所设计的创意产品，整个画面不仅采用了大胆而直截了当的构图形式和造型手法，而且采用强烈的动与静的对比渲染，呈现出千姿百态的产品形式。

和个性，对具有文化性的故事、纹饰、器物等进行分类梳理，转换成设计元素，弘扬和传承民族文化（图1-5）。

5. 纪念性

文创产品能承载某种纪念意义，能长时间保存，可以帮助消费者回顾历史，了解自身以及周围的世界，将纪念性的意义赋予到产品中，以唤醒某种记忆（图1-6）。

图1-5（a）：敦煌文创产品是基于敦煌文化进行设计的产品，具有极高的审美艺术价值。产品既可以面向普通大众，又可以面向高端消费群体，既代表中国文化，又符合国际审美，使传承变得更有生命与温度。

图1-5（b）：古埃及文化具有强烈的宗教特征，其文创产品以记载各种祭祀与崇拜神灵事件为主，充分采用神灵、祭文、壁画等形式来表现文创产品。

（a）敦煌文创产品

（b）古埃及文创产品

图1-5　文化性文创产品

图1-6：俄罗斯套娃是一种独具特色的民间工艺品，它起源于19世纪末的俄罗斯，逐渐成为了俄罗斯文化的代表之一。作为一项传统技艺，俄罗斯套娃在材质、造型、绘画等方面均具有较高的艺术价值。

俄罗斯套娃作为旅游纪念品，具有独特的意义。首先，套娃是俄罗斯文化的象征，代表着俄罗斯民族悠久的历史和丰富的文化。其次，套娃作为一种艺术品，具有较高的收藏价值。最后，套娃作为礼物，寓意着友谊、和平、美好，是传递情感的绝佳载体。

图1-6　俄罗斯套娃纪念品

补充要点

文创产品现存问题

1. 同质化。市场上出现很多相同的文创产品，导致在不同旅游景区售卖的文创产品造型相同，无法凸显当地的地域文化特色。

2. 盲目化。产品设计定位主要看重眼前利益，忽略了消费市场的认可，导致产品的功能单一，只有审美而无法使用，也就无法提升商业价值。

3. 符号化。大多数文创产品只有简单的地域文化符号，大多倾向于照搬、照抄，使文创产品缺失文化内涵，失去竞争力和吸引力。

第二节　文创产品分类

一、分类形态

1. 文创内容

以某种文化主题内容进行创作，如图形、文字等（图1-7）。

2. 内容与载体

将文创产品分为内容与载体。内容是指精神与美学文化，载体是产品本身，如传统的视觉元素是内容，所衍生出的文具、玩具、家具等是载体（图1-8）。

图1-7　故宫博物院元素创意内容

图1-7：故宫博物院的文化底蕴深厚，内容繁多，任何元素都能产生新奇的创意内容。传统的书画珍宝、图样纹饰、祥禽瑞兽、建筑等主题，都能在设计师手下重获新生。

图1-8　古埃及神话元素毛绒玩偶

图1-8：古埃及神话元素中的黑猫“芭丝特”和黑狗“阿努比斯”，是古埃及神话里的神灵，憨态可掬的形象提升了消费热情。

3. 结合方式

将文创产品中的内容与产品相结合，形成设计亮点，在设计过程中强调结合方式的创新（图1-9）。

二、分类产品

1. 一体化文创产品

将文创内容与商品相结合，形成一体化产品，如工艺品与艺术创作融合为一体，形成全新的文创产品（图1-10）。

2. 拓展化文创产品

拓展化文创产品以内容为核心，注入知识产权，应用到目前市场上所有的产品中，如通过印刷、雕刻、染织等工艺，在不改变产品原有结构的基础上，提升产品的审美与使用价值（图1-11）。

图1-9　唐代人物造型元素卡通玩偶

图1-9：这套玩偶以盛唐人物造型元素为核心，体现了文创内容与创意方式，属于“一体化”文创产品。这种潮流元素与传统文化的相互融合碰撞，设计出各种卡通造型，具有传播力和延展性。

图1-10　G20杭州峰会宴会餐具

图1-10：G20杭州峰会期间的文创餐具“西湖盛宴”，以杭州西湖文化为背景，创作出工笔兼写意的中国画，巧妙地应用于餐具上，具有特色的是将“三潭印月”中的石塔形象设计在半球形的尊顶盖结构上，通过中国独有的江南文化与瓷器产品进行创意的艺术结合，整体展现了中国江南的文化气韵，属于“一体化”的文创产品类型。

图1-11　“故宫猫”故宫博物院文创IP衍生产品（洛可可）

图1-11：“故宫猫”主题品牌文创以皇帝与猫的形象进行重构，以国际流行的配色，设计成IP形象，以此形象作为文创内容，设计出“大内咪探”形象，开发多种不同种类的系列文创产品，如书包、橡皮、手表、手机壳、服饰等。

第三节　文创产品作用

一、精神文明建设

文创产品能通过物质载体传递意识形态、文化特征、生活方式等精神内容，从而影响人们的观念，倡导健康、积极的文化，引导人民群众树立正确的道德观念，对于国家和民族的精神文明建设具有积极意义（图1-12）。

图1-12《文物新说·话解放》红色文创套组

图1-12：中国共产党第一次代表大会会址纪念馆和东方网推出的《文物新说·话解放》文创产品套装，主要是通过实物体现红色文化要素，传播革命精神，唤起人们的爱国情怀。文创套组中包含限量笔记本、纯铜书签和纸胶带、便利贴、纸质文件夹、报纸复刻品、限量纪念封、密函和密码卡等10件红色文创产品，其中，限量笔记本是红色文创套组中的一大亮点，它不仅是一本可供记录的笔记本，更是一本兼具教育和纪念意义的“故事书”，反映了中国共产党为上海解放作出的伟大贡献。

二、促进经济发展

文创产品能提高各项产业文化内涵，带动其他产业发展，具有促进社会经济发展的作用。文创产品还能带动商业消费，提升各地轻工业发展，将文化与商业相互融合并促进增值（图1-13）。

三、发展文化输出

文创产品强调社会效应，加强对外文化交流，使我国的传统文化走出国门，增强我国传统文化在国际上的影响力（图1-14）。

（a）手工饰品

（b）数码产品

（c）日用品

图1-13 故宫博物院系列文创产品

图1-13：文化创意产品开发的目的在于销售，根据市场变化推陈出新各种文创产品，将文创产品融入现代人的生活中，利用精心提炼的元素进行文创衍生品开发，实现产品多元化，深度创造商业价值。

（a）华清宫文创玩偶

（b）熊猫文创产品

图1-14 国潮元素文创产品

图1-14（a）：华清宫的文创产品充满了唐代特色，它以唐文化为纽带，将传统文化与现代审美、科学技术相结合，设计出各种实用有趣的文创产品，适合作为西安旅行的伴手礼赠送亲友。

图1-14（b）：熊猫是全世界人民喜爱的形象，它与非遗、文创相融合碰撞，成为文创产业发展最受欢迎的视觉形象。通过大熊猫能传递中国对世界的友好之情，让世界感知到一个多姿多彩、充满活力的中国。

第四节　认识文创产业

文创产业是20世纪90年代发达国家提出的新概念，文创产品的创意是产品研发的重要推动力。

一、产业内容

文创产业是以创造力为核心的新兴产业，强调主体文化或文化因素，通过创意设计与轻工业技术对文化资源进行创造，生产出高附加值的产品，形成丰富且有潜力的产业。

二、表现形式

当消费者对产品的美感追求超越了实用功能时，这些产品就能被纳入文创设计元素。无论是核心产品，还是周边产品，都能体现出设计内涵（图1-15）。

（a）核心文创产业（迪士尼影视）

（b）周边文创产业（迪士尼产品）

图1-15（a）：迪士尼从影视动漫起家，逐渐构建起了以动漫、影视、游戏、图书、主题公园和众多特许经营产品等文创领域为基础的产业，成功打造了一个世界级的文化企业标杆。

图1-15（b）：迪士尼旗下的影视代表人物众多，文创产品包括手表、饰品、服装、箱包、家居用品、毛绒玩具、电子产品等多个周边文创产业。它的意义在于产品虽然是别人首先创造的，但将它与迪士尼文化进一步地融合、改造，形成一个新的产品，可以给人新的感觉，也是一种很好的创造力表现。

图1-15　迪士尼文创产业

1. 核心文创产业

文创产业的核心是对精神提出高度诉求，能引起消费者的心理共鸣，如广告、影视、网络、音乐、出版、游戏等，都属于核心文创产业，每个人都能根据自身生活经验来解读。

2. 文创产业周边

文创产业周边是为精神层面需求服务的产业，如软件开发要满足消费者的使用功能，运动旅游要满足消费者的情绪放松。

三、发展意义

文化创意产业倡导开发人类创造力、提升产业竞争力，强调将文化、技术、产品和市场有机结合起来，形成新的消费市场，促进产业创新和结构优化，有效推动国家的经济转型和创新。

1. 推动文化创新

优秀的文创产品不仅可以传播和普及文化知识，还能影响人们的思想观念、价值判断和道德情操，创造出具有文化品位的生活方式，满足消费者个性化需求，推动文化产业创新。

2. 发展市场经济

文创产业多集中在发达国家或地区，一些城市会出现具有鲜明特征的文化创意产业中心，从而促进国家或地区文创产业快速发展，并引领市场潮流，形成持续的区域竞争优势（图1-16）。

3. 提升社会形象

文创产业具有高度艺术性和灵活性，在国际市场上营销我国文创产品，不仅能提升我国的制造业和产品附加值，还能输出我国的文化品牌，提升我国的国际形象（图1-17）。

（a）青岛啤酒博物馆文创产品　　（b）跨界商品

图1-16　青岛啤酒文化创意产品

图1-16（a）：青岛啤酒是啤酒文化的传播者，青岛啤酒博物馆不仅珍藏经典与潮流，更创造个性与时尚。如瓷杯垫、丝巾、啤酒、陶瓷等一款款巧妙精致、富有创意的文创产品，在青岛本土文化的基础之上，以生动形象的方式传播开来。这种既有颜值，又有品质的文化产品，借助当前时代发展方向，为该品牌收获了不少价值。

图1-16（b）：青岛啤酒的文创产品已不再是单纯地借用啤酒元素外形进行创作，而是将啤酒文化与青岛城市特色融合为一体，通过创意赋予其商品生命力，真正让文创内容“活”了起来。在促进消费的同时，还有利于提升生活品质，也向来自世界各地的游客展现青岛的魅力。

（a）皮影创意产品

（b）长城创意产品

图1-17　主题元素文化创意产品

图1-17（a）：中国皮影历史悠久，信息时代的皮影戏变成了小众的文化娱乐，发展和传承面临困境，如今我国文化事业蓬勃发展，利用文创产业发扬非遗等传统文化成为一种新潮流。将传统文化同现代设计方法结合，设计出实用美观、符合现代审美的产品。

图1-17（b）：以建设长城文化创意产业为重点，着力推动旅游产业发展、文化产业发展，发展长城旅游同时也是解决文化产业发展的重要手段。

本章小结

文化创意是以文化为元素，融合多元文化、整理相关学科、利用不同载体而构建再造的文化现象。本章讲解了文创产品的基础知识，将文创产品的基本分类和作用都分别进行了归纳介绍。讲解文创产业的发展，介绍文创产业的基础知识，对文创产品的发展有更深刻的认识。学习本章内容，对于今后的文创产品设计很有帮助。

思政训练项目

搜寻中国共产党成立100周年文创产品，仔细分析作品的创作主旨与表现手法，并总结其中5～8条要点记录下来，结合当前我国文创产品市场状况，分析说明这些要点在今后文创产品创作中的作用和意义。

课后练习

1. 了解文化产品与文化创意产品的概念。
2. 文创产品的特点是什么?
3. 总结文创产品在现代发展中出现的问题。
4. 文创产品的分类方式有哪些?
5. 文创产品的作用体现在哪些层面?
6. 根据文创产业的两种基本分类诉求，说明核心文创产业与周边文创产业各自的要点和区别。
7. 通过自己的理解，讲述文创产业的特点。
8. 结合当代国货品牌的发展状况，分析其发展文创产业的意义。

第二章

文创产品设计要点

识读难度： ★★☆☆☆

重点概念： 设计元素、核心、原则、方法

章节导读：

现代文化理念逐渐深入我们日常生活中的各个方面，在产品设计中加入不同设计元素。文创设计依靠设计师的创造力对资源、用品进行再设计，不仅追求造型和美感，还将故事融入产品中，既保留了文化核心价值，又满足了市场需求，实现文化与创新相融合。

PPT课件
请扫码阅读

第一节 文创产品基础元素

文创产品的基础元素是文化，在设计中要把握文化元素的方向和特征。

一、文化的含义

文化是一种社会现象，是人类社会与历史的积淀物，是指能够被传承的思维方式、价值观念、艺术思想、科学技术等。文化是人类相互之间进行交流且普遍认可的意识形态。

二、文化的特征

1. 学习性

（1）文化继承。学习民族传统文化，能保持民族或群体文化的延续，并形成独特的民族个性。

（2）文化植入。学习外来文化，融入其他民族或群体文化，使其成为本民族文化的典型特征。

2. 共享性

文化能被大多数人共享，文化媒体在传播过程中不断向消费者传递重要的文化信息。

3. 有形性与无形性

（1）有形文化。这种文化又称为物质文化，强调欣赏过程，以历史文化遗产等为主，如遗址、遗迹、古建筑、博物馆等（图2-1）。

（2）无形文化。这种文化又称为非物质文化，是存在于物质背后的思想精神、道德观念、时代价值等，如民间文化知识、技艺等（图2-2）。

4. 发展性

文化是不断发展变化的，文化发展的每一个新阶段都在吸收以往取得的成果，文化的发展过程被称为文化变迁，如技术创新、人口变动、文化移入、自然灾害等。

图2-1 《平遥古城》文化遗址

图2-2 《洛神水赋》舞蹈文化

图2-1：平遥城内的民居建筑布局严谨，轴线明确，左右对称，主次分明。精巧的木雕、砖雕和石雕配以浓重乡土气息的剪纸窗花，集中体现了公元14至19世纪前后汉民族的历史文化特色，对研究这一时期的社会形态、经济结构、军事防御、宗教信仰、传统思想、伦理道德的人类居住形式有重要的参考价值，是迄今汉民族地区保存最完整的古代居民群落。

图2-2：《洛神水赋》在编舞中加入对洛神的描述和飞天的元素，通过水下舞蹈表现出仙气十足的效果。该舞蹈在传统文化和现代表达的契合下，运用互联网与科技手段的有机融合，让古朴的文明穿越了历史，更穿透了荧幕的隔阂，承担起展示中原文化乃至中国形象的作用，极具时代价值。

5. 时代性

人类历史的每一个时代都有自己的典型文化特征，应当继承前人优秀的文化成果，创造出新的文化成果。例如，我国的赋、诗、词、曲分别代表了汉、唐、宋、元各朝代的典型文学体裁，在文创设计中可以引入这些文学元素。

三、文化的类别

文化的涵盖面非常广泛，主要包括物质文化、制度文化、行为文化和精神文化等四种。

1. 物质文化

物质文化是指人在物质产品中表现出来的文化，如日常生活中的衣、食、住、行等都属于物质文化，能反映出社会生产力的发展水平。非物质文化属于精神文化，是指以非物质状态存在，且有艺术价值的文化（图2-3）。

2. 制度文化

制度文化是指建立在生产关系中的社会文化，如政治制度、经济制度、法律制度等。制度文化反映了社会或组织内部的物质基础、价值观等，这些都包含可被进一步挖掘的文创价值（图2-4）。

3. 行为文化

行为文化是指人在社交活动中形成的习惯，如民风、民俗礼仪等。行为文化具有鲜明的民族地域特征。通过考察，能挖掘其中具有特色的文化元素，可将其融入文创设计中（图2-5）。

图2-3：物质文化具有地域性、民族性和时代性的特点。青花瓷盘的物质文化强调的是实物文明的状态，包括材质和工艺表现等，能长久流传。由青花瓷图案转变的剪纸是非物质文化，强调的是手工技艺，有强烈的艺术价值。

图2-3 《青花瓷遇见剪纸》物质文化

图2-4 制度文化（核心价值观书签）

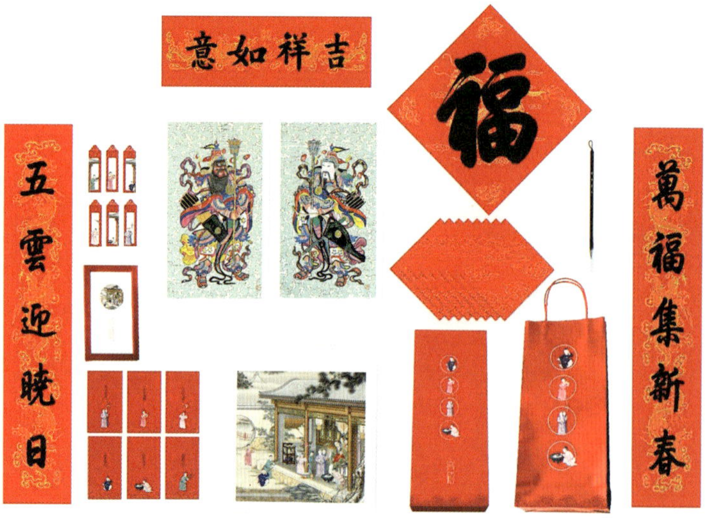

图2-5 行为文化（新年风俗对联）

图2-4：社会主义核心价值观是社会主义精神和价值体系中最根本、最重要和最集中的价值内容。这种社会规范制度是在建设社会主义先进文化和弘扬民族精神基础上提出来的，具有多种文化价值。它是人们共同遵循和维护的行为准则，并潜入人们思想和心灵深处，成为人们的文化精神长期稳定下来。

图2-5：在中国的文化中，新年、婚礼、成人礼、生日等都是常见的风俗习惯，在针对这些需求进行创新时，要将普遍认可的行为文化变成一种能够传承的意识形态，从而创造风俗文化消费的新需求、新方向。

4. 精神文化

精神文化是人在社会实践中产生的价值观念、思维模式、宗教信仰、审美品位等精神要素的组合。对文创产品赋予一定精神文化元素后，可以迅速地实现文化价值增值（图2-6）。

图2-6：普通服装审美价值一般，无明显文化特色，现在赋予红色经典设计元素，融入字体变形设计，体现出服装的精神文化价值。

图2-6 精神文化（红色文创产品）

四、文创产品的应用

文创产品设计可以从古籍、非物质文化遗产、历史等方面取材，从中提炼文化元素，将其与文创产品融合在一起。

1. 古籍文化元素

将古典文学、文艺作品与文化创意相结合，能增强文化创意产品的独特性和辨识度。将古代文学作品中最精华、最具有代表性的部分引出后进行调整，形成全新的文创产品（图2-7）。

2. 非物质文化遗产元素

非物质文化遗产创意不能完全复制或照搬传统文化，可以在原有文化基础上进行重新创造，将非物质文化遗产元素导入文创产品中，使文创产品能满足现代人的审美追求（图2-8）。

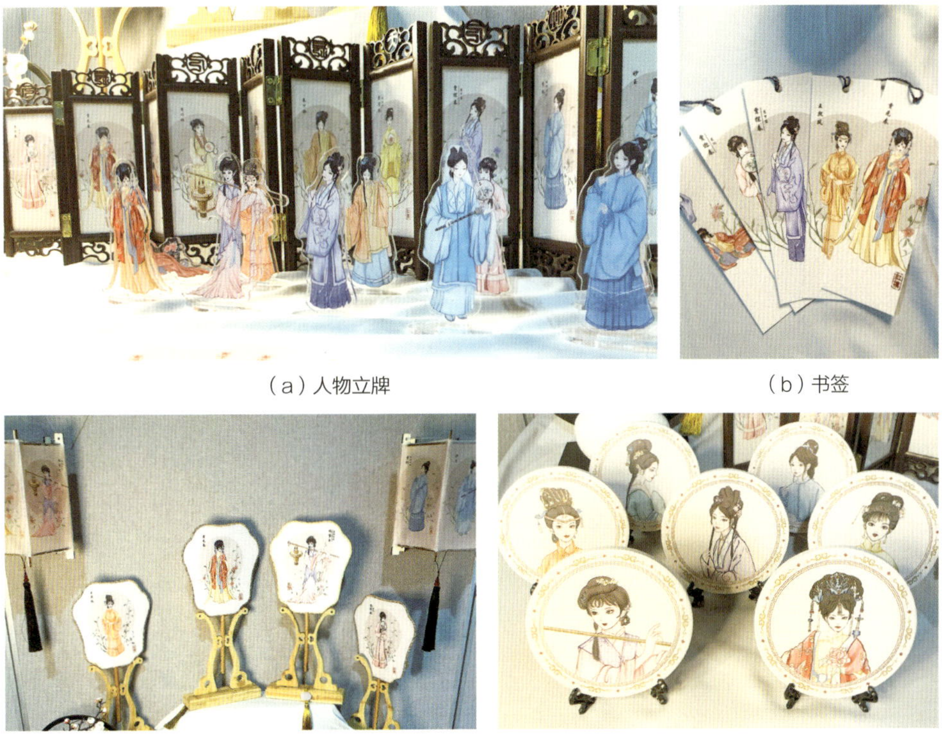

（a）人物立牌 （b）书签

（c）团扇 （d）纸盘装饰画

图2-7 《红楼梦》古籍文化应用（郭旋）

图2-7:《红楼梦》是中华民族的文学经典之一，红楼文化成为被广泛应用的文化元素。重新创造红楼文化，对具有代表性的女性人物元素进行提炼，以手绘形象表现出文学中的人物，设计出屏风摆件、人物立牌、书签、团扇、装饰画等一系列文创产品。

（a）戏剧脸谱 （b）苗族蜡染刺绣

图2-8 非物质文化遗产应用

图2-8（a）：戏剧脸谱元素是民族个性、民族审美习惯的显现，它依托于人本身而存在，以声音、形象和技艺为表现手段，以身口相传作为文化链而进行延续，其传承过程很重要。

图2-8（b）：苗族人民世代相承的蜡染刺绣技艺，与群众生活密切相关，传统的表现形式、器具、手工制品等都能营造出非物质文化遗产元素。

补充要点

非物质文化遗产的特点

1. 难度大。传承非物质文化遗产需要有一定技艺经验，通过耳濡目染流传，一旦技艺失传，非物质文化遗产就不存在了。

2. 不稳定。非物质文化遗产虽然会在人们的生产、生活过程中固定下来，但也会发生改变，因人口迁徙、社会动荡变得不稳定。

3. 地域广。非物质文化遗产会随着人口流动而传播，非物质文化遗产技艺传入新的地域中。

3. 历史文化元素

历史文化元素主要包括图腾、文字、经学、宗教、神话、传说、建筑等。随着时代发展，历史文化元素会与传统文化元素进行重新融合，将不同风格结合在一起，创作出全新风格的文创产品（图2-9、图2-10）。

图2-9：十二生肖在中国传统文化中占有举足轻重的图腾地位，这套文创产品以十二生肖为创作对象，通过提取原有的形象元素，重新创作生肖形象，将传统文化和现代视觉设计相融合，再现十二生肖这一文化主题。

（a）生肖立牌　　（b）装饰画

图2-9 《十二生肖》历史传说文化应用（孙寅生）

图2-10：在陶瓷制品、茶类、佛禅装饰等文创产品中融入禅宗文化元素，使造型简约而不简单，在满足使用功能的基础上兼顾美学价值，在外观设计上避免出现复杂、僵硬的造型，做到造型与功能相结合，文化和审美并存。

（a）系列文创品　　（b）陶瓷装饰画

图2-10 《俗与净》历史宗教文化应用（田墨）

第二节 文创产品创意核心

创意是以文创产品为核心、以文化为基本元素，并融合多元文化、利用不同载体来构建的文化产品。同时考虑市场需求、消费认知等方面问题，使产品经济效益最大化。

一、创意概念

创意又称为点子、想法，是设计师创造性思维的过程，是文创产品的核心，能推动人类文明不断进步。

二、创意思维

创意思维是设计的核心，文创产品不仅要体现物质实用价值，还要体现精神价值，同时还能解决设计中遇到的问题。

1. 理性思维

理性思维具有明确的思维方向，能充分观察、比较、分析事物，提炼出文创产品中的创意元素（图2-11）。

图2-11：文创设计利用传统图案在产品载体上整合，使思想体系形成完整的有机体。图案之间的组合紧密有致，不至于产生较大空白，避免造成空洞的视觉效果。

图2-11 理性思维概括创意

2. 感性思维

感性思维是设计师个人的经验总结，通过经验来思考、判断设计趋势。思维活动包含感知、联想、情感、直觉等。感性思维的文创产品能自然形成、自行分散并应用（图2-12）。

3. 维度思维

维度是一种空间概念，强调的是思维方向。由维度思维组成的抽象概念，可以从内容、时间、空间三个思维角度去描述（图2-13）。

三、创意应用

文创产品的创意要打破传统哲学思想，摆脱固有思维模式的束缚，从多个角度去发现和思考问题，不断寻求全新的创意，使得文创元素更加丰富。

1. 创造性创意

文创设计的创新要不断地探索，创意是实现文创产品价值的主导力量，要对文化精神创造进行转化（图2-14）。

图2-12　感性思维分散创意

图2-12：感性思维活动起源于感觉，设计来源于四面八方，文创产品的感性思维成分越多，产品的附加值就越大，具有随机性，适用于民俗文创产品设计。

（a）服装

（b）陶罐

图2-13　维度思维信息联系创意

图2-13：设计要从多方向、多角度捕捉创作灵感，使消费者每接触一件事，看到一个物体，都会产生印象和记忆，接触的事物越多，想象力越丰富，分析和解决问题的能力也就越强。具有年代感的文创产品最能激发长辈的消费热情。

2. 丰富性创意

不同区域的物品与文化要素结合在一起，在生活中各个方面调节消费者的兴趣、爱好，从而促进不同文化的发展，使人类文化呈现出多元化效果（图2-15）。

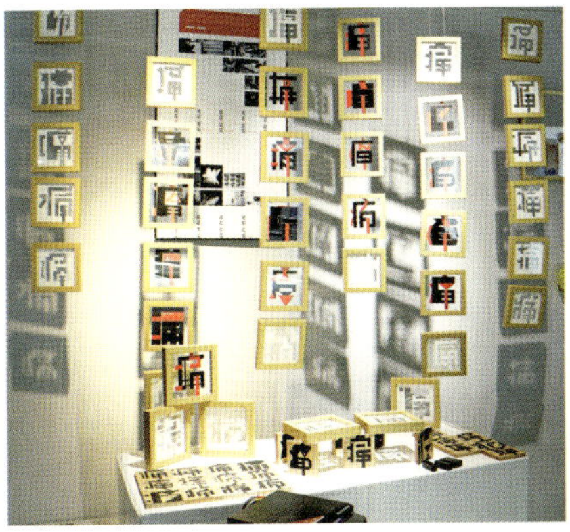

（a）创意装饰

（b）系列文创产品

图2-14 《痛》文字创意应用（余晓倩、翁佳娈）

图2-14：文字创意主要以形象化设计元素和字体结构形态相连接，在笔形设计的基础上对字体进一步美化，在字体中增加形象化的视觉元素，通过元素的减少、添加等手法，建立图形文字形态，然后将文字创意应用在产品载体上，设计时要注意文字形象在产品载体中的位置，强调唯一性特征。

（a）创意产品

（b）创意元素

（c）创意主题

图2-15：《黄鹤楼》系列文创产品，从产品本身、产品周边元素、创意主题等方面设计出多种产品，给人不同的心理体验和思维模式，引导大众对创意思维的理解，体现出创意无边界的意境。

图2-15 《黄鹤楼》系列创意应用

3. 跳跃性创意

跳跃性创意是以杂乱的思维方式，从一件事物突然跳到另一件事物上，想象力丰富，组织杂乱无序。跳跃性创意与理性逻辑思维是相对立的，产品表现多样化，设计元素分散（图2-16）。

4. 反常性创意

反常是指打破正常的思维定式，使常态情感、思想、行为被荒诞离奇的故事情节替代，引起消费者的关注，并能体验精彩的创意主题（图2-17）。

图2-16：雕版印刷与造纸术相伴而生，印刷文化与造纸文化相结合是文创产品开发的主要创意形式，印刷文创可以与笔、墨、纸、砚、丝绸、瓷器等元素组合，以同一种风格表达出不同的创意产品。

图2-16 《一山一院》印刷创意应用（刘豫、卢琦、琚晓芸）

图2-17：故宫发布的“萌版”雍正形象，将历史中的人物形象另类化，其手中的折扇正是故宫文创产品。折扇的创意来源于雍正皇帝的批语，结合网络热点和流行品位，打造了一批趣味性、互动性较强且受欢迎的产品。

图2-17 故宫折扇创意应用

第三节　文创产品设计原则

文创产品设计具有多元性，要从现状出发，对文创产品进行分析，研究设计原则。

一、按需设计

文创产品设计要根据市场需求量开发，客观上不用考虑产品积压，不会造成大量浪费。客观需求主要体现在时间、地点和载体上，能满足不同层次消费者的需求（图2-18）。

二、大胆创新

大胆创新有利于打破传统观念和束缚，创造出独特且全新的文创产品，其中包含丰富的文化内涵，以引起不同消费者的思想交流（图2-19）。

（a）花形图案陶瓷盘

（b）神秘祭司玻璃杯

图2-18　按需求设计的文创产品

图2-18（a）：波西米亚和地中海风格相结合的陶瓷盘中蕴含了丰富的精神文化，将功能需求与实用审美巧妙结合，满足东方消费者的视觉需求。

图2-18（b）：古埃及祭司人像图案能够给人带来强烈的神秘感，金色纹样与东方传统贵族气质相当，在文化归属感上一致，文创产品开发最终要回归消费者的潜在需求。

图2-19　古埃及元素创新设计玩偶

图2-19：从古埃及宗教神话到传奇历史人物，都体现出了典型而独特的埃及特征，包含了神灵、动物神、法老、木乃伊等文化元素，传达了埃及的文化内涵。

三、系列创作

成系列的文创产品能形成整体风格，将单个产品拓展为系统产品，衍生出其他丰富的产品。对成系统的文创产品进行分析、对比、评估，使文创产品达到丰富的视觉效果（图2-20）。

四、继承传统

在继承传统文化的基础上，取其精华，去其糟粕，集中精力解决主要问题，对优秀的传统文化元素不断吸收、创新（图2-21）。

（a）工艺礼品

（b）饰品

图2-20 《千里江山图》系统设计文创产品

图2-20：依托现藏于故宫博物院的《千里江山图》设计出很多文创产品，将历经千百年沉淀下来的文化元素进行创新，是以少胜多、以小博大的典型代表，画作知名度高，有利于后期传播，快速吸引消费者的注意。以品牌的力量推动市场不断规范，没有品牌的文创产品增值空间很小。

（a）葡萄花鸟纹香囊

（b）刘易斯棋子

图2-21 以继承为目的设计的文创产品

图2-21（a）：香囊用于存放固体香料，可以挂在帷幔上或贴身佩戴，其制作工艺显示了镂刻的超高水平，具有华丽精美的时代审美特点。在风格上继承了唐朝工艺特征，表达了吉祥含义，将传统文化与现代审美相结合。

图2-21（b）：刘易斯棋子在西方文化中经常见到，将文化、权力、宗教都集中在棋盘上，如今在电影、漫画、电玩、游戏等领域经常能发现它的踪影。这些形象生动的国王、王后、主教、骑士、士卒等造型，反映了强烈的北欧文化。

五、追求效益

文创产品要考虑社会效益，预测可能出现的同类竞品，根据市场反馈再扩展产品线。在产品开发阶段，应当提升研发速度，不断抢占市场，延长文创产品的营销寿命（图2-22）。

六、优化表现

优化是指高效、优质、经济地设计文创产品，在对其他同类型文创产品进行分析时，需要全面、完整、准确的数据信息来指导文创产品设计，以提高、改进设计方案，优化文创产品（图2-23）。

（a）故宫瑞兽雪糕　　（b）三星堆青铜面具雪糕

图2-22　以效益为目的设计的文创产品

图2-22：对雪糕造型进行重新设计，融入标志性景点或文物，使其摇身变为文创产品，具有文化特色，不仅能吃能咬，还能拍照打卡，展示在各种社交平台上。这种畅销的文创雪糕将技术性能和经济效益相结合，采用科学的定量方法对市场进行判断，一方面可以积累自主产品的设计经验，另一方面可以借此降低自主产品发展产生的成本风险。

补充要点

文创产品与创意产品的区别

文创产品源于文化主题，能受到消费者广泛认知，具有一定历史文化积累。创意产品指某种创意形象产品，文化积累较少或没有表现出文化特色。目前，文创产品以旅游纪念品的方式进入市场，通过旅游业进行传播，而创意产品，除了文创产品外，还包括各类本土化传统特色产品，如手工艺品、土特产礼品等。文创产品与创意产品也有部分交集，创意产品本身带有文化的就是文创产品。

（a）卡通形象　　（b）形象优化

图2-23 《唐妞》优化设计的文创产品

图2-23（a）：唐妞主题的文创产品打破了传统工艺摆件的形式，人物形象是以陕西历史博物馆收藏的唐三彩仕女俑为原型，融合了西安深厚的唐代历史文化。“唐妞”系列的热销款式主要集中在鼠标垫、笔记本、冰箱贴等文创产品，它们既富含洛阳历史文化元素，又极具生活用品的实用性，将历史文化与现代生活产品充分有机地结合，既增加了趣味创意，又融入人们的日常生活。

图2-23（b）：在原来的形象基础上，将动漫形态的唐妞优化，融合唐朝知名古画《簪花仕女图》中人物服饰、发饰、妆容甚至图案的细节特点，诞生了唐妞不同的装扮形象。优化后的文创产品同样承载着文化传承的作用，使其更有中国韵味。

第四节　文创产品设计方法

文创产品要能使消费者接收到准确的文化内容，获得文化体验，具体设计方法有以下几种。

一、组合法

1. 元素组合

元素组合又称为模块化设计，是将产品保持原有文化特色元素，根据不同用途和性能设计出接地气的文创产品，可以互换选用模块式组件，以更好地满足消费者的需求（图2-24）。

2. 整体组合

整体组合是利用素材的精华要素，根据设计主题需要，选择一种或几种不同素材，进行拆解或打破原有形态，以达到全新的设计效果（图2-25）。

（a）故宫初雪调味罐　　（b）故宫如意锦鲤系列首饰

图2-24　组合文创设计

图2-24（a）：这套故宫初雪调味罐组合，将故宫红墙、太和殿前的仙鹤、紫禁城铜狮，连同紫禁城的雪景一同收纳于罐中。罐中精致小糖、中盐、天然湖盐各150g，并且通体物理结构链接，不使用任何黏合剂，优选食品级环保材料，安全耐用，在诗意盎然的故宫艺术造型下，轻松挥洒出飞雪之美。

图2-24（b）：如意锦鲤首饰设计灵感源于故宫藏品清代雍正时期的《矾红彩鱼藻纹瓶》，如意和锦鲤均是中国经典吉祥元素，设计师提取藏品中的鱼纹图案进行再设计，保留图案灵动活泼的神态，以冷珐琅工艺呈现“故宫红”主色调和鱼鳞剔透闪亮的质感，整套作品充满祥瑞之气。

（a）主题系列　　（b）氛围灯　　（c）生态瓶绿植摆件

图2-25《相生》组合文创设计（韩诗琦）

图2-25：跨界组合设计是将两种或两种以上的物件融合在一体，形成新的主题造型。给“相生”这种文化符号赋予一种功能语言，不仅可以缩短产品的研发和制造周期，还可以增加产品系列，快速应对市场变化，减少对环境的不利影响，方便升级、修改、回收。

二、联想法

联想法是根据一种形象联想到文化创意元素，挖掘出隐藏在形象中的文创细节，同时诠释物件创意，加入名字、谜语、诗词、雕塑、音乐、绘画等元素，形成全新的文创产品（图2-26）。

三、提取法

围绕某种设计元素，对其进行变化设计，体现产品的附加价值。从文字、图形、工艺等方面取材，将文创设计的内在思想、文化符号、用料选材等提取的过程记录下来，进行全新设计（图2-27）。

（a）主题系列　（b）笔记本　（c）钥匙扣

图2-26 《童年的时光》联想文创设计（石雪茹）

图2-26：在童年的主题中，以特定的时间和空间形成联想，用具有时代性的与作者童年有关的代表物件，如收音机、陀螺、游戏机、风车、小算盘、风筝等，进行创意设计，表达出回忆、快乐等情感。

（a）手绘印章　（b）文字符号

图2-27 限定提取的文创设计

图2-27（a）：古人为了掌握太阳东升西落、月亮圆缺、季节变化等周期性的规律，制造了各种辅助的天文仪器。故宫发布的“物换星移手绘印章”是以故宫博物院收藏的各类天文仪器为创意元素，进行平面图案印刷，用印章的形式呈现出艺术审美。

图2-27（b）：“福”字变化的形体，运用原有素材形态进行组合，是一种以点带面的设计方法。从产品载体的某一个局部入手，在精致的细节中找到设计灵感，对其改进，并对整体和其他衍生型产品的细节特点进行顺势设计。

四、模仿法

采用模仿自然形态的手法进行设计在文创产品开发中很常见，尤其是在视觉表现上，要突出设计的写实性，直接表现出某种元素的外在形象，拉近人与产品之间的距离，使作品自上而下流露出朴实自然的形象，烘托出主题氛围（图2-28）。

（a）兵马俑钥匙扣

（b）Q版兵马俑

图2-28 模仿创造的文创设计

图2-28（a）：以兵马俑的原型为基础，将关联产品开发出来，然后进行筛选，形成多个全新造型，从中选择一个最佳方案进行批量生产。

图2-28（b）：Q版兵马俑形象注入了传统民间工艺美术元素，将传统与时尚自然融合，外观上强化特征，细节概括夸张，使卡通形态特点生动鲜明。整体作品既保有传统文化的严肃性、典型性，同时又具备娱乐性和流行性，让文化特色具有亲和力。

补充要点

文创产品设计的主要问题

1. 缺乏特色。文创产品存在创意雷同的现象，导致各类同款产品竞相上市，造成恶性竞争，不利于文创产业持续发展。

2. 差价过大。低价位产品工艺粗糙，种类单调，没有引入文创特色元素；高价位产品多为高精度复制、仿制品，制作精细，价格昂贵，难以面向普通大众市场。

3. 产品零散。大部分产品的设计与主题之间缺乏统筹策划，单个产品居多，系列产品较少，无法吸引观众二次消费，不利于推广宣传，更难以进行深度传播。

本章小结

文创产品是承载特定文化和创意的商品，在设计中要考虑实用功能，应与地域文化紧密联系起来，把握好人、设计、文化三者之间的关系。本章讲解了文创产品的设计要点，将文创产品的基础元素和核心设计分别进行了归纳，总结出文创产品的设计原则与方法，对各文创产品的设计进行深刻说明，对于文创产品的开发设计思路有启示作用。

思政训练项目

从中国传统古典文学作品中提取4种创意元素，结合当代我国经济社会发展形势，灌输党的思想政策方针，提出4种创作方向，并细化为创意设计文本。

课后练习

1. 文创产品的基础元素是什么？
2. 掌握文化的特征与类别，思考文创产品中文化应用的必要性。
3. 文创产品的核心是什么？具体包括哪些应用方法？
4. 理解并说明文创产品与其他创意产品的区别。
5. 文创产品的设计原则有哪些？
6. 结合文创产品的设计原则，思考并说明文创产品设计具体应用了哪些方面？
7. 理解并掌握文创产品的设计方法。
8. 简述文创产品开发设计时所需注意的问题。

第三章

文创设计载体

识读难度： ★★★★☆

重点概念： 产品与文化、文娱产业、旅游产业、主题活动

章节导读：

文创产业是文创产品的载体，对促进文化、娱乐、旅游活动的发展发挥着重要作用，是顺应时代发展的重要产业。文创产业最核心的内容是创新力，这些创新构思应当独特、原创。

PPT课件
请扫码阅读

第一节 产品与文创

文创产品的设计、生产、推广等都被认为是产品在设计创意方面的延伸。

一、产品创意

文创产品开发强调人文精神，通过富有创意的设计语义来表达文化内涵，传递出文创产品背后的故事，使产品符合现代生活，为消费者带来全新的体验，满足消费者的审美需求（图3-1）。

二、文化创意

文化创意内容无法独立存在，需要硬件载体来承托，同时要包容无法量化的精神情感（图3-2）。

三、文化内涵

文创产品中的文化内涵应当具有一定深度，才能打动消费者，要深入挖掘文化中的深层次元素，再演变成产品价值之外的艺术元素（图3-3）。

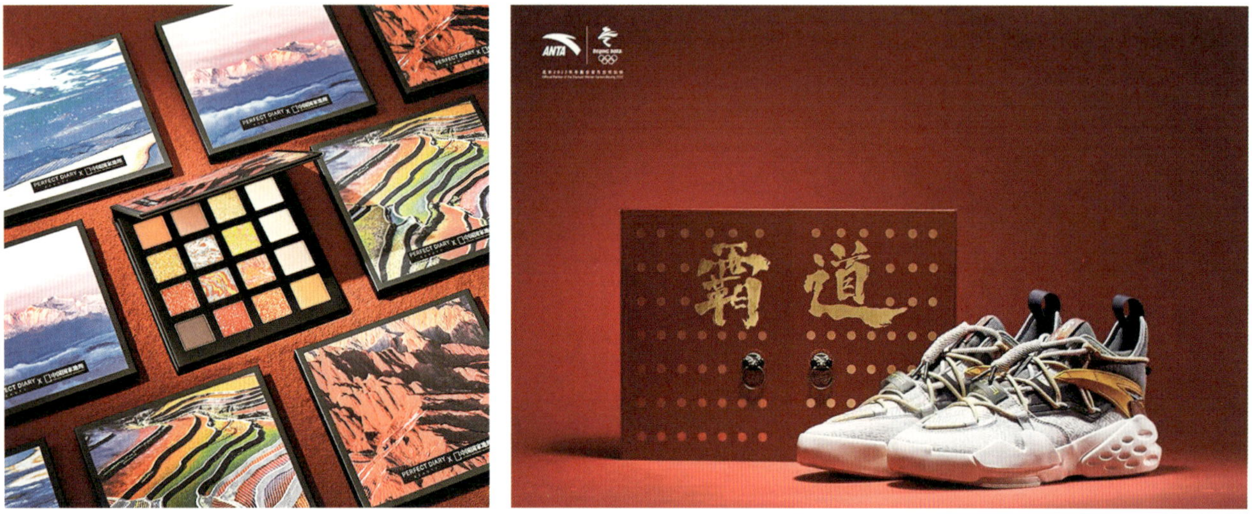

（a）完美日记联名限定眼影　　（b）安踏特别版球鞋

图3-1　产品创意

图3-1（a）：完美日记美妆品牌与中国国家地理杂志联合，将眼影外壳与祖国的大好河山结合在一起，在包装设计上完美还原了大自然的地质地貌，为消费者带来独特的艺术美感。

图3-1（b）：安踏、冬奥会、故宫三大元素强强联合，打造出了安踏冬奥会与故宫特别版商品，其创作灵感来自于乾隆年间宫廷画家张为邦、姚文翰的作品《冰嬉图》，将奥运精神与中国传统文化结合，向球鞋爱好者群体推广，传递出年轻富有活力的精神风貌。

（a）丹德拉十二星座纸胶带

（b）卢浮宫世界名画纸胶带

图3-2　文化创意

图3-2（a）：丹德拉十二星座纸胶带上的图案来自著名的古埃及珍宝，描绘了古埃及人对于十二星座的想象。

图3-2（b）：卢浮宫始建于1204年，是举世瞩目的万宝之宫，以收藏丰富的古典绘画和雕刻而闻名于世，这套纸胶带精选卢浮宫里的知名画作，可以将世界名画“挂”进自己的记录册里。

（a）产品设计

（b）艺术创意

图3-3《明德壶》文创产品设计（于向涛团队）

图3-3:《明德壶》是以河南理工大学校园文化为主题设计的钧瓷茶具，是工业设计系教师于向涛带领团队进行设计创作的。壶名源自河南理工大学校训“明德任责”，寓意理工人无论身处何地，都将以此为训、以德为先、勇于担当、砥砺前行。壶身形态要素来自河南理工大学校徽，壶盖形似燃烧的火焰，又似浴火重生的凤凰，象征着第一所矿业高等学府始终高擎工矿文明之火炬，虽历经坎坷，但坚守初心，铸就辉煌。壶身主体部分形似一艘乘风破浪的巨轮，象征着富有活力的百年理工，正在向着更高、更远的目标奋进。

四、视觉传播

文创产品的传播媒介与传播形式非常丰富，通过恰当的媒介将产品信息传达给消费者，并引领消费升级。

1. 数字媒体传播

数字媒体传播的形式非常丰富，用数字技术去融合现代审美，促进设计元素在不同语境中绽放，影响文创产品的生产、消费模式（图3-4）。

2. 消费体验

消费体验不局限于销售商品，而是突出其文化创意性。产品内容形式从营销向体验转变。

（1）文化展览。主题文化展览对于树立品牌与提升销售业绩具有重要意义，能建立起消费者与产品之间的互动（图3-5）。

图3-4：近年来“故宫”已经成了流行文化的热度词，在互联网的推动之下，以及《我为故宫修文物》纪录片、《上新了·故宫》等综艺节目的播出，故宫用当代年轻人易于接受的方式弘扬传统文化，其创新形式正在推动着传统文化与新时代的碰撞，使文物变得不再冰冷，文创产品也焕发出时代的新活力。

（a）服装　　（b）行李箱

图3-4 电视媒体传播

图3-5：大英博物馆联合中国国家博物馆和上海博物馆举办的“100件文物中的世界史”展览，在北京、上海都取得了巨大成功，除了将展馆“搬”到中国，文创产品也随展览深入中国市场，一时间供不应求。将文创产品进行线下互动，有助于将产品、文化与消费者巧妙融合，利用空间打造良好的互动关系。

图3-5 大英博物馆展览

（2）电商平台。互联网经济的电商平台的形成打造了线上场景式文创消费形式，推动文创产品销售，同时能提升产品的视觉效果，让消费者能多方面查看文创产品（图3-6）。

图3-6　中国国家博物馆电商平台

图3-6：博物馆开网店能促进中华文明的传播，让馆藏文物随着文创产品走进了千家万户。在创造利润的同时，也拉近了消费者与历史文化的距离。这些有趣的文创产品已经成为许多消费者接受传统文明的重要渠道。

第二节　文娱与文创

文化娱乐产业中的动漫、游戏、影视、文学等都非常突出，文创产品能与这些产业形成互动。

一、文学文创

文学产业中的文创产品主要依托文学作品的主题内容来设计，从而提升文学作品的艺术魅力，促进影视、动漫、游戏等相关产业相互融合。

文学作品是拥有一定价值基础的媒介，其中开发形式包括影视、游戏、动漫、周边衍生品等，文学作品中的文创设计主要取之于由文学作品改编的电影、电视剧、动漫、游戏等产业（图3-7）。

二、动漫文创

动漫作品具有良好的观众基础，动漫产业与文创设计相辅相成，文创产品主要为动漫版权的衍生品，包含玩具、游戏、服装、文具、主题公园等产品。创意设计是在动漫原型的基础上进行再创造，以丰富的想象力赋予动漫人物生动的形象，能强化消费者对于动漫角色形象的感情（图3-8）。

（a）电影

（b）衍生产品

图3-7 《哈利波特》文学文创

图3-7:《哈利·波特》是英国作家J.K.罗琳于1997—2007年所著的魔幻文学系列小说，文学作品本身具有一定粉丝基础，经过改编、衍生之后更容易获得成功，已成为一个世界品牌。它的火爆并不仅限于图书市场，美国华纳兄弟娱乐公司将《哈利·波特》改拍成8部电影，创下了全球4000多家影院同时上映、全球最卖座儿童影片等8项影史纪录；另外，DVD、玩具、电脑游戏和其他衍生商品也随之在全世界热卖，首饰、手表、礼品以及文具用品等都掀起了一股抢购热潮。

（a）钥匙扣卡套

（b）抱枕

图3-8 《海贼王》动漫文创

图3-8:《海贼王》动漫周边产品十分丰富，许多熟悉的品牌和《海贼王》合作开发出联名产品，提升了动漫和品牌的知名度。正是出于对原动漫作品的熟悉和喜爱，消费者普遍产生心理认同的“移情”作用，将这种喜爱之情转移到其文创产品上。

三、游戏文创

游戏产业为文创设计提供了源源不断的创作灵感，在提升了消费者游戏体验的同时，还能再次提升了游戏价值。游戏产业具有强烈的文化输出功能，能快速地将各种传统文化和民族元素融入游戏产品中，丰富产品文化内涵，为文化输出增添了传播渠道（图3-9）。

（a）遇见飞天

（b）遇见神鹿

图3-9 《王者荣耀》游戏文创

图3-9:《王者荣耀》从敦煌文化出发，推出一系列具有敦煌文化视觉特点的皮肤，并以纪录片的形式，拍摄了完整的设计过程。在将敦煌文化植入游戏设计的同时，还打造皮肤故事站，深度展现文化皮肤背后所代表的敦煌文化，为传播敦煌文化提供了新载体，让敦煌文化与互联网有机结合在一起，扩大影响力。

第三节 旅游与文创

文创产业为旅游业的调整、升级提供了新的发展思路。

一、旅游产业

旅游产业现在已经成为人们生活中不可缺少的组成部分。目前，特色产业与旅游相融合，形成专题专项旅游创意思路，受到消费者的青睐，通过文创产品打造全新的旅游品牌，能深度发掘、创造旅游产业的内在价值，体现出地域文化积淀（图3-10）。

二、旅游产品

旅游文创产品能满足消费者的精神需求，是文化旅游产业的核心要素。

1. 产品形象

旅游文创产品的形象设计注重体验感，体验感成为消费者选购旅游文创产品的主要目的。因此，产品形象要有互动性，具备明确的设计语言（图3-11）。

图3-10：成都的“宽窄巷子”以古建筑为基础，保留了原有的建筑风格和文化魅力，将民俗、餐饮、展览、休闲等行业汇集于此，重新打造了新型文化消费环境，融入情感和审美，通过创造性的文创产品设计，满足消费者多样化的需求，进而提升了文旅质量。

（a）街景　（b）冰箱贴饰品

图3-10 城市旅游文化创意设计

图3-11：旅游文创产品的形象创意以自然和文化资源为核心，基于自然风貌特征精心设计，造型具有明显的旅游地域特征，能与消费者形成互动。埃菲尔铁塔造型的书签与乡土包装提手都能精准反映旅游地域的特色。

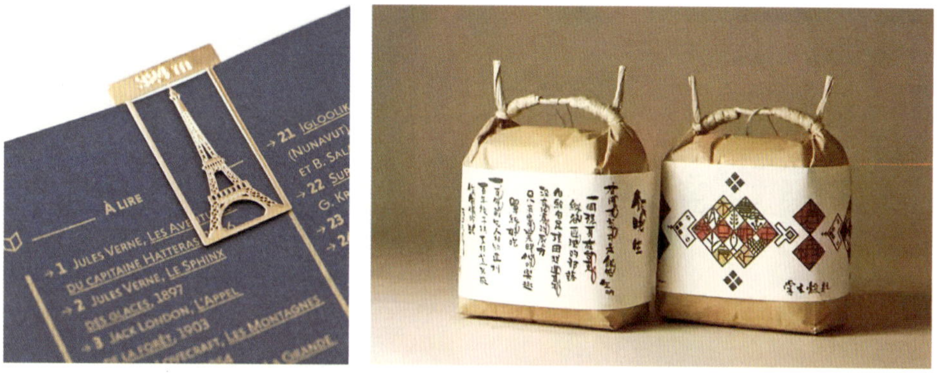

（a）埃菲尔铁塔造型的书签　（b）乡土包装提手

图3-11 旅游文创产品

2. 产品创新

文创产品设计应当突出地域旅游产品的独特性，通过文化创新对其他产品本身进行包装，为消费者提供更加丰富、潮流的产品，能以鲜明的主题表现地域差异化优势，从而扩大竞争优势（图3-12）。

3. 产品开发

产品开发不局限于文创产品的品种，要多考虑产品的精神层面。将线下景区品牌与主题活动融合，进而推广旅游消费（图3-13）。

图3-12　无锡城市文创产品

图3-12：该系列创新产品以南禅寺的建筑设计和古运河白墙黑瓦的房屋特色为基础，结合高山流水、行云野鹤等装饰元素为主要内容表现，让图案在表现无锡南禅寺建筑特色的同时，富有视觉装饰趣味。

（a）日本柯南小镇

（b）柯南主题文创产品

图3-13　旅游主题创意设计

图3-13：柯南小镇旅游开发项目对提升当地旅游品质、增强旅游品牌竞争力起到重要推动作用，不仅能拉动地方经济增长，同时也是传播当地风土人情和地方特色、吸引更多游客前来旅游观光的核心所在。

三、旅游品牌

文创产品在塑造旅游品牌和知名度方面起着重要作用，文创产品已经成为旅游城市构建城市符号、塑造城市品牌形象的载体（图3-14）。

（a）熊猫邮局

（b）文创产品

图3-14 旅游品牌文创设计

图3-14：中国邮政成立的文创品牌“熊猫邮局”，是全球首个以熊猫为主题的邮局，展示销售熊猫邮局的产品，提供日戳的现场加盖、为用户提供定时寄送、时光邮件存储、爱情印章加盖等增值服务。以“百年邮政”为基石，以传递成都文化、熊猫文化、邮政文化为目标，将熊猫文化、成都文化和邮政文化做一个有机的结合，向世界传递中国文化。

第四节 主题活动与文创

主题活动是以特定题材为设计内容，目的在于弘扬传统文化习俗、推广特定产品，具有鲜明的事件或主题，能围绕事件或主题开展。

一、节事活动文创

节事活动是节庆活动和事件活动的总称，主要包括精心策划的仪式、演讲、表演、庆祝等活动，如文化活动、祭祀活动、节日纪念、商贸庆典、社交游乐、影音庆贺等。

1. 纪念活动

纪念活动主要指具有纪念意义的活动，或是具有代表性的主题，或是具有文化、宗教、风景特色的主题，或是具有纪念日、民俗节日的主题（图3-15）。

2. 体育赛事活动

体育赛事是竞技体育的主要活动形式，尤其是国际体育赛事，影响力极强，如亚运会、奥运会、足球世界杯等具有重大影响力的体育赛事能带动品牌文创产品的推广（图3-16）。

（a）文化衫

（b）丝巾

（c）布袋

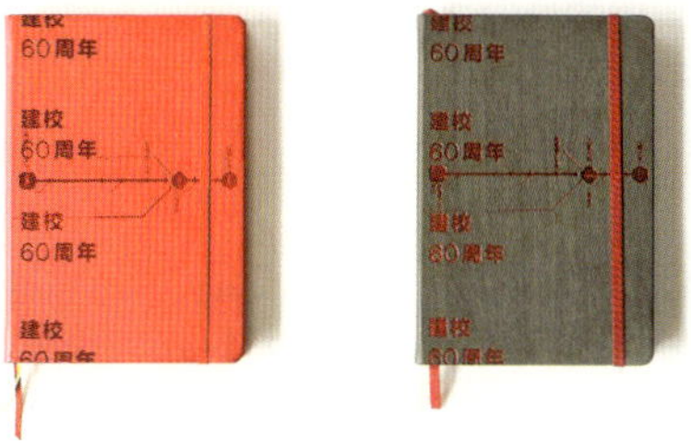

（d）笔记本

（e）徽章

图3-15　江南大学60周年校庆文创产品（物喜品牌创新团队）

图3-15：江南大学60周年校庆文创产品是由设计学院物喜品牌创新团队设计，以校园文化、地域文化作为设计的切入点，将江南大学百年办学历程、60年发展历程，以信息轴线作为创意的主要元素进行系统展开，设计了文化衫、丝巾、布袋、笔记本等文创用品。纪念徽章则从南方园林建筑的洞窗中选取设计元素，并结合江南大学标志性建筑和吉祥物，综合体现江南地域的文化特色。

（a）钥匙扣

（b）徽章

（c）保温杯

（d）吉祥物玩具

（e）服装

（f）背包

图3-16　北京2022冬奥会文创产品

图3-16：北京2022冬奥会周边文创产品的内容涵盖2000多个品类，不仅有限量的纪念徽章、冬奥会系列的文具、生活用品、服饰，还有限量版金银条、金银章等贵金属纪念品。

二、商务活动文创

商务活动侧重于商业推广与交易，如各类产品发布会、产品推介会及产品展销活动等，其中产品展销活动具有文创设计的价值（图3-17）。

三、市集活动文创

创意市集是创意产业的新兴交流模式，能为个人和企业提供创意产品的交流平台，摆卖创意产品。同时还会融合讲座、小型音乐会、街头文化表演、放映会、创意比赛等形式来吸引消费者注意，具有很强的互动性（图3-18）。

（a）《遇见寤梦》产品创意（朱梦如）

（b）《兔儿爷》产品创意（张美玉）

图3-17 文创产品展销会

图3-17：产品创意的本质是强调创新，由此衍生出新产品、新市场、新机会，传递出个性化的精神价值。展销活动中的文创产品具有明显的使用功能，将文创与产品紧密结合，销售力度大，市场效应好。

（a）集市摊位

（b）集市文创产品

图3-18 文创市集活动

图3-18：文创市集活动推崇创新精神，强调文化、艺术交流融合。市集作品的形式多样，受众面更广，能在有限时间内和特定空间内传递有效的信息和核心内容，为各类新兴设计师和艺术家提供了开放、多元的创作环境和交易平台。

四、展览活动文创

展览是在特定的空间中，以一定主题进行展示、陈设的活动。参展单位或个人能对外展示自己设计的产品或取得的成果，是文创产业活动的重要形式（图3-19）。

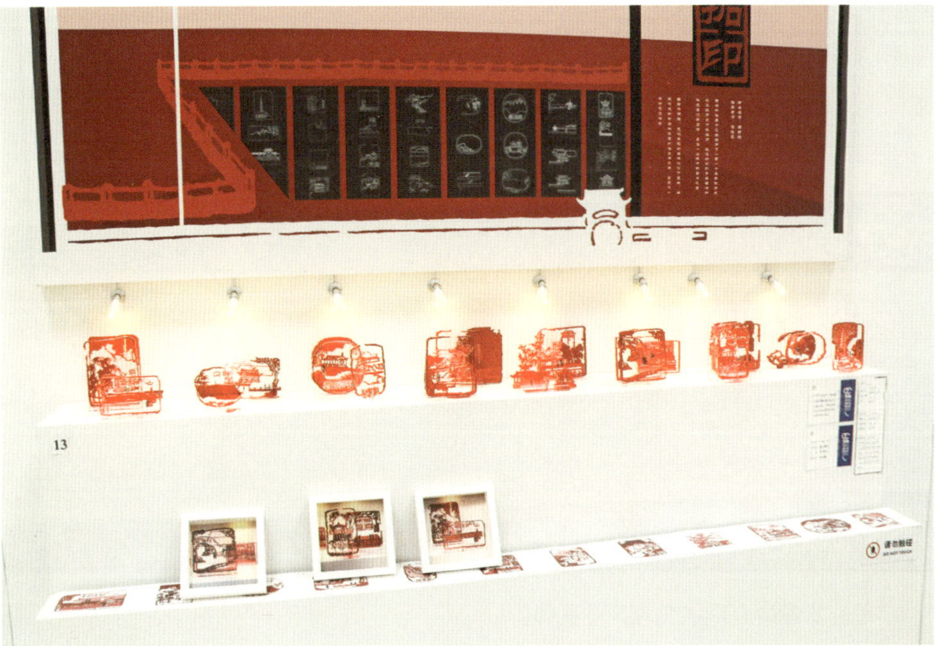

（a）拓印作品

（b）纸雕作品

图3-19　文创作品展览活动

图3-19：展览能为艺术爱好者提供一个交流平台，为文化创意水平的提高提供了便捷途径。展览活动通过丰富的展品，提取大家熟知的文化元素，并进行创新设计，展示的物品多可以销售。

本章小结

文创产业是文化创意的重要载体，与文化内涵紧密联系在一起，在各种产业中发挥着越来越重要的作用。本章讲解了文创的产业载体，对文创产品与各产业的结合都分别做了介绍归纳，体现出文创的产业价值和产品的文化内涵，有利于文创载体应用的持续发展。

思政训练项目

从近5年在中国举办的大型国际活动中选择创意载体，结合中国当代文化发展特色，提出一种创作方向，设计一套文创产品。

课后练习

1. 总结本章中介绍的文创产业载体。
2. 什么是产品创意与文化创意?
3. 掌握文创产品传播的方式。
4. 文学产业的IP开发环节是什么?
5. 简述动漫产业的文化创意产品的应用方法。
6. 思考并总结游戏产业的文化创意应用元素。
7. 旅游文创产品的创意表现方法有哪些?
8. 总结主题活动创意的载体特征，然后说明主题活动创意应用的表现。
9. 简述文创产业发展的主要问题。

第四章

文创产品设计流程

识读难度： ★★★☆☆

重点概念： 市场调查、方案策划、定位、构思、效果

章节导读：

文创产品逐渐融合了地域、民族、宗教、文化等因素，需要配合思考、创意、制作加工，才能具备创意性，设计感。文创产品设计是一套系统工作，包括前期调研、素材搜集、方案策划、设计实施、产品效果、生产展示等全过程。

PPT课件
请扫码阅读

第一节 前期调研

调研是文创产品设计的前期工作，目的在于找出产品的市场需求，明确设计目标，为后续设计方向定位打好基础。前期调研主要包括行业调研、竞品调研、消费者调研、企业调研。

一、行业调研

在进行文创策划工作前，要对企业自身所处的行业、产品特征、市场环境等因素进行分析，明确行业变化趋势与文创设计方向。

1. 行业需求调研

行业需求是指消费市场的需求，如主流产品、消费人群、推广媒体、购买渠道等，这些因素会直接影响企业的市场策略、方向定位等，文创设计也要做出相应改变（图4-1）。

（a）彩虹杯

（b）杯子文具组合

（c）帆布包

（d）钥匙扣

（e）文具

图4-1 星巴克文创

图4-1：咖啡杯是星巴克品牌必不可少的符号载体，是星巴克门店展示和销售的必备商品，此外，日积月累的品牌价值与营销技巧，也让星巴克的知识产权形象出现在人们视野中。

2. 市场环境调研

市场环境调研是对市场供需变化进行分析，正确认识市场对文创产品的影响，了解市场对文创产品的需求量和销售趋势的影响，并从中了解商品供需平衡状况，采取正确的经营战略，提高企业经济效益（图4-2）。

（a）彩罐系列产品

（b）时光礼盒限定产品

图4-2　小罐茶文创

图4-2：小罐茶通过现代高端消费的理念，将茶文化与当代艺术结合，共同营造现代茶文化，它凭借独具创意的产品策划，在产品定位、供应链、设计、渠道、营销等各个方面都有独特的方式，精准定位的消费群体是70、80后，同时不断创新，希望拓展出90后消费群体。

补充要点

文创产品市场调研的程序

1. 制定调研计划。准备一份调研计划，内容包括资料来源、调研对象、调研方法等。

2. 实施调研计划。进行数据资料收集和文创数据资料处理分析。

3. 提出调研报告。根据资料分析得出调研结论，以调研报告的形式总结汇报调研结果，根据市场提出设计策略和解决方案。

二、竞品调研

竞品调研能为文创设计调研提供信息参照，分析竞品创意，不仅可以为自身设计提供思路与参考，同时也能让设计师更好地发现设计差异，提升设计品质。

1. 直接竞品

直接竞品在外观、功能、交互形式等方面具有良好的参考价值，其文创内容是重要的设计目标（图4-3）。

2. 间接竞品

间接竞品的产品形式多样，目标消费群体类似，在功能上会有所不同，是设计师在创意构思时的重要参考对象（图4-4）。

3. 潜在竞品

潜在竞品在形式、品类、功能上都有所不同，但目标消费群体类似，基本能满足市场需求，文创形式较为丰富，是文创设计过程中的重要补充对象（图4-5）。

（a）大英博物馆文创　　（b）三星堆博物馆文创

图4-3　博物馆文创扑克牌

图4-3：博物馆的文创扑克牌商品，在文化创意的选择上以藏品研究为基础，以文化宣传和教育为目的，助力产业提升文化内涵，拓展品牌影响力。对于同类产品竞争变化要提前预判，关注产品竞争、品牌竞争、渠道竞争等方面的变化。

（a）行星图钉　　（b）长鼻子小人图钉　　（c）彩虹铅笔

图4-4　文具类文创

图4-4：文具是文创产品中较为重要的分支，不同产品要抓住外观特征，突出并强调功能特征的唯一性，进行深化设计。图钉的端头是主要设计特征，形态设计要独特，可以变化出多种仿生造型。铅笔削切是重要的使用过程，能削出多种色彩的铅笔屑，可以吸引更多的消费者购买。

（a）笔记本　（b）小摆件　（c）耳机套

图4-5　《埃及萌神》主题系列文创

图4-5：大英博物馆的《埃及萌神》主题系列文创将著名的埃及众神转化为可爱的埃及萌神，每个神灵的形象都作萌化处理，产品类别与功能多样，文化创意融入年轻血液，能满足消费者的认知需求，令人感受不一样的古埃及文明。

三、消费者调研

消费者调研是判断消费者审美倾向的核心要素，决定文创产品的设计方向、主题、内容、形式、传播路径。在调研过程中，主要关注消费群体、消费需求、消费能力、消费心理、消费行为五大要素，以此来确立文创产品的主题风格（图4-6）。

1. 消费群体

消费群体是指消费者的性别、年龄、职业、区域等群体特征，明确标记每个产品的群体特征信息，在消费者调研分析时要从不同群体的使用角度来研究产品的差异性。

2. 消费需求

消费需求是指消费者对产品的要求，通过调研分析，能发现市场中还有哪些消费需求未被满足，方便设计师在下一步设计中重点解决，以满足消费者的需求。

3. 消费能力

消费能力是指消费者的经济支付能力。通过调研并结合产品定位，对文创产品进行分级设计，形成多系列产品，满足不同消费者的需求。

4. 消费心理

消费心理是指消费者对产品、服务的心理认知。通过调研能准确发现消费者的兴趣点，从生活中提取消费者感兴趣的设计元素，才能引起广泛共鸣。

5. 消费行为

消费行为是指消费者的购买方式、购买意向等特征。消费行为能判断消费者的消费决策，了解消费者对产品规格、质量、性能、价格的要求，对产品进行细分，从而通过创意设计来引导消费者购买。

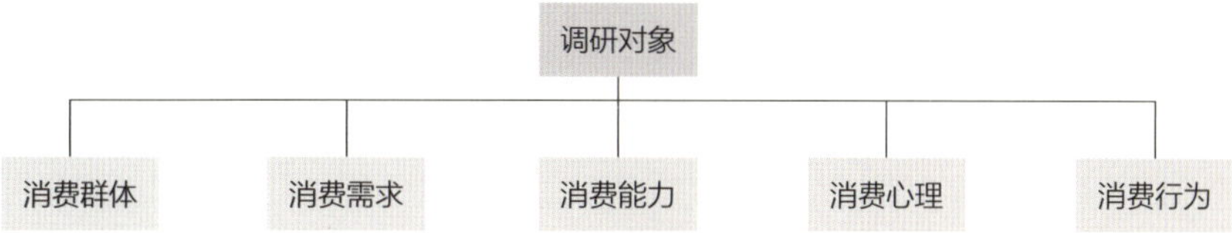

图4-6　调研对象内容

四、企业调研

企业调研是文创设计工作的根基，设计工作要从实际情况出发，综合考虑企业的资金预算、自身优势等条件，对企业文化深入了解，由此制定文创设计的工作目标、策划主题等（图4-7）。

图4-7　江小白创意品牌系列

图4-7：江小白是江记酒庄推出的一款单纯高粱酒，自身有深厚的产品力，它将工匠精神和娱乐精神完美融合，引起广大消费者的兴趣。在维护传统白酒文化精髓的基础上，不断进行创新尝试，将传统产品与现代消费观念结合，表达青春的态度。品牌从产生到每一款新品的研发与优化，都能体现智能创新、品牌创意、产品功能、服务、方案的全方位升级。

补充要点

企业调研内容

1. 工作目标。分析产品定位与市场预设目标，制定企业文创设计目标，确定文创工作实施的思路。

2. 条件支持。分析企业在文创设计中的支持条件，包括资金、人员、技术等核心要素。

3. 优势劣势。分析并研究企业的竞争优势与存在的不足，在文创设计中强化优势，弥补不足。

4. 机遇挑战。分析并研究企业在竞争环境中能抓住的机遇，在文创设计中把握机遇并积极面对竞争与挑战。

第二节　方案策划

文创方案策划主要根据设计主题与内容来确定，具体策划流程为创意主题、目标定位、创意思维三个步骤。

一、创意主题

创意主题是为了达到特定目的而要说明的观念，通常需要借助一定有形物质来表现。任何设计创意都应当将产品本身与创意形象结合，通过艺术审美原则来体现创意主题（图4-8）。

（a）创意主题

（b）创意形象

（c）形象产品

（d）创意产品

图4-8 《爱与癌》创意主题产品（逯晓丽）

图4-8：创意主题表达了产品的思想内容，通过有形的产品与无形的观念相互联系，力图寻找适当的艺术形象来表达主题，产品主题既要能明确反映形象的本质特征，还要能被公众理解和接受，并能联想出具体形象。

二、目标定位

文创产品的目标定位是指以品牌为中心，在梳理市场竞争和消费心理之间的关系后再执行设计。产品在市场竞争中需要不断创新，才能快速取得成功，同时还能衍生出周边商品，增强品牌效应（图4-9）。设计师要适应消费者的生活方式，总结他们的消费心理，精准地分析目标内容，让企业与文创品牌稳定发展。

三、创意思维

创意是指对现实存在的事物进行理解，从而衍生出全新的抽象思维，同时融入与众不同的设计理念。

1. 设计思维

设计思维是在设计师的意识驱使下进行思考，对文化素材和已有知识点进行思维加工组合，形成独特的创意。

（1）消费思维。文创产品设计要考虑产品的消费意义和使用功能，要将消费者放在文创产品设计的中心，使设计具有吸引力与影响力（图4-10）。

（a）产品创新

（b）周边衍生品

图4-9 《Doggy Dog》品牌创意产品（702 Design）

图4-9：《Doggy Dog》是ZUCZUG品牌在2018年新年发售的生肖文具系列产品。2018年是中国农历狗年，设计中以狗的插画作为主要元素，创意产品包括年历、笔记本、贺卡、红包、纸胶带、贴纸的大礼包等，还包括衍生的周边产品。设计上是以拟人化的方式来处理狗的形象，用打破常规的表现手法，表现出一只调皮、活泼的狗。

（a）《财聚一格》系列文创（张婷）

（b）《丑萌娃》系列文创（叶珺玲）

图4-10 消费思维创意设计产品

图4-10：目前各种衍生型文创产品占据着市场主流，产品出现同质化现象，消费思维的需求主要在于产品的情感共鸣，对于个性化、细分化的用户创意，提供具有针对性的产品细分品种，创造出形象差异化的视觉效果，以获得更多消费者的认同。

（2）连接思维。通过联想与现实的元素相连接，找到相同与不同点，尤其可以将历史文化元素与时尚流行产品融合，或将人、事、物等进行共存，尤其是将衣、食、住、行等素材结合在一起（图4-11）。

（3）重构思维。将设计素材由外到内、从色到形进行深层次重构，同时进行取舍，对于细小的纹饰元素，可以通过放大、变形、重叠等手法，来触动消费者的情感（图4-12）。

（a）《我是乾隆——天子之宝（纹彩）》系列茶具　　（b）《泳池日历》（A BLACK COVER DESIGN）

图4-11　连接思维创意设计产品

图4-11（a）：该系列茶具通过拟化人物造型，将壶、杯、印融合于一体，成一壶一杯，壶底所篆刻的“古希天子”印，取自乾隆皇帝御印，壶身匀施素彩色釉，饰以锦花纹饰，器型亮洁雅净，品茗雅器时尚十足。

图4-11（b）：将日历直接做成泳池，把泳池场景中的元素与日历使用品结合，创造了一个有趣的产品载体，也可以作为一个装饰品，直接放置在桌子上，不传递任何其他的内容。

图4-12　重构思维创意时装

图4-12：这款带有西班牙元素的时装，全身以白色为底，自由拼接多种西班牙风情特色图案，这些具有代表性的图案均来自现实生活，芒果、古典纹样、风景建筑等细节均取自于西班牙的民俗风情，是地域特色与民族文化的重构。

2. 设计理念

设计理念是设计师在设计过程中的主导思想，能赋予文创产品文化内涵和风格特征，关系到文创产品的呈现形态，让产品具有个性化、专业化等与众不同的视觉效果（图4-13）。

3. 设计定位

设计定位是设计师与消费者之间的平衡点，能确定产品的设计方向，也是检验设计是否成功的标准。设计定位是将产品和文化元素结合，并进行定量分析，然后通过推理得出的（图4-14）。

（a）创意产品　（b）形象商铺设计

图4-13　百事设计理念创意

图4-13：百事设计理念以红、蓝、白三种企业色彩来诠释国潮风，设计并衍生出一系列周边文创产品，形象店铺采用色彩表现力给大众展现出鲜明的色彩创意。

（a）《戏曲三国》系列产品（杨政）　（b）《树脂灯》（Leo）

图4-14　文创产品的设计定位

图4-14（a）：对此类文创产品造型进行设计时，要将文化元素融入其中，并对文化元素进一步挖掘，提炼出更多的产品造型，为文创产品系列设计定位展开提供支持。

图4-14（b）：观赏价值较高的文创产品被视为艺术品，设计时在世俗观念方面要进行突破创新，对文化元素进行深入挖掘和提炼，设计出全新的文创产品，避免过度追求文化特色，或影响使用功能。

第三节　设计实施

文创设计实施应当从产品内部向外部展开，结合产品本身的特征、功能来设计。

一、设计方法

1. 头脑风暴法

头脑风暴法是指组织一批专家、学者、设计师，召开一种动脑会议，参会人员围绕一个明确的主题，共同思考并畅所欲言，彼此间相互补充知识经验，从而引发更多创造性思维，这种方法简易、有效，运用十分广泛。

2. 联想法

由一个中心概念出发，向四周发散展开成千上万种联想。这些联想涉及人脑中的每一个信息、记忆、思想，其中包括词汇、数字、代码、食物、香味、线条、色彩、图像、节拍、音符、纹路、肌理等，将每一种联想到的事物用图形表达出来，就能形成多种创意思维（图4-15）。

图4-15　联想思维导图

图4-15：联想思维是文化创意中最基础的思维方式，简单有效，是一种将想象力呈现出来的思维工具，也是一种非常有效的图形记录方式，为打开思路、挖掘潜能提供了灵感。

3. 检核表法

检核表法是用一张一览表对所需要解决的问题进行统计，从各个角度来激发创造性思维。这种方法能根据需要解决问题，引发讨论与创意设想，简单易行，适用性强（表4-1）。

表4-1 检核表法设想

序号	问题设想	创造技法	图例
1	是否有其他用途？是否能改变为具有其他使用功能的文创产品？	转化	
2	是否有其他物品与这件物品相似？是否能从这件物品联想到其他物品？将两个看起来是毫不相干的物品联系在一起，是否能产生新的创意？	联想	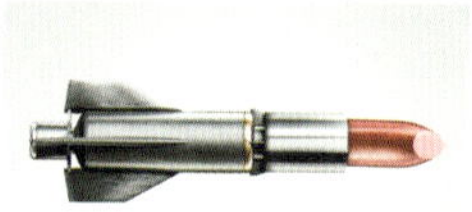
3	改变原来物品的形状、颜色、气味等，会产生什么结果？	改变	
4	将一件物品尺寸扩大、时间延长、附件添加、分量增加、强度提高、杂质添加，是否能产生新的物品或创意？	扩大	
5	将一件物品变小、浓缩、袖珍化，或降低、变短、省略后，会产生什么结果？	缩小	
6	是否能用其他物品代替这件物品？是否能用其他材料、工艺来代替？	代替	
7	对一件物品进行零部件互换，会产生什么结果？	重组	
8	用正反互换、倒置、互换位置等颠倒的方法来创意设计，会产生什么结果？	颠倒	

二、设计表现

1. 绘制草图

文创产品设计要考虑文化与产品之间的美学问题。设计师在表达产品设计主题时，通过草图将想要表述的内容呈现出来。其中实物产品要求表现出形态、色彩等特征，功能产品要表现出使用方法（图4-16）。

2. 平面化表现

明确设计主题，是从平面化主题开始的，将主题形象应用到不同产品载体上。平面设计图能深入、真实地反映出产品设计形式，以透视画法为基础，适用于内部构造简单的文创产品（图4-17、图4-18）。

（a）产品草图　（b）形态拓展

图4-16　《MINISO脊兽系列移动电源》草图绘制

图4-16：草图创作不追求产品的实际效果，无须精确描绘，只需要抓住主要创意思路即可，在初始化表达设计或形体概念阶段，运用草图能够表达初期产品设计的意向与概念，具有继续推敲的可能性。

（a）徽章设计　（b）载体应用

图4-17　《Pasha de Cartier》卡地亚腕表徽章设计图（A BLACK COVER DESIGN）

图4-17：徽章是一种荣誉的象征，卡地亚是全球知名的钟表及珠宝制造商，是精致美学的典范，设计师将12种代表着朴素与日常的事物代入到卡地亚《Pasha de Cartier》的设计中，试图通过平面设计的手段，让质朴平常的事物显露精细的一面，呈现出秩序的美感与趣味。

（a）包装设计　（b）载体应用

图4-18　《啷瑟》品牌产品设计图（魏汝赢）

图4-18：此套产品设计的出发点是打造时尚化、年轻化的襄阳牛肉面。品牌命名为“啷瑟”，设计灵感来自襄阳地方方言，把方言与传承至今的特色面馆相结合，辅助图形是从制作襄阳牛肉面必备的调料提取而来。包装设计采用了环保材料，还从便利性、便携性方面考虑，采用组合一体化手提形式。

三、提取精神

1. 文化精神内涵

文化是人类共同具有的符号和价值观，在人类世代繁衍传承中一直占据着优势地位。文化能影响物质文明建设，这是文化精神的力量，是衡量国家、民族文明程度的重要标准（图4-19）。

2. 文化形象表达

文化形象能表达出文化与哲理的含意，表达设计信念与产品价值。文化形象是设计的精髓，将形象与主题故事情节结合起来，用精彩的视觉形象与消费者产生情感交流，使消费者对产品产生认同感（图4-20）。

图4-19：我国传统节日浓缩着数千年文明进程的丰富内涵，其中春节是由原始农业社会庆贺丰收的“腊祭”演变而来的，祭神敬祖，表达对大自然和祖先的感恩之情，反映出团圆、祥和、平安、欢乐的节日气氛。

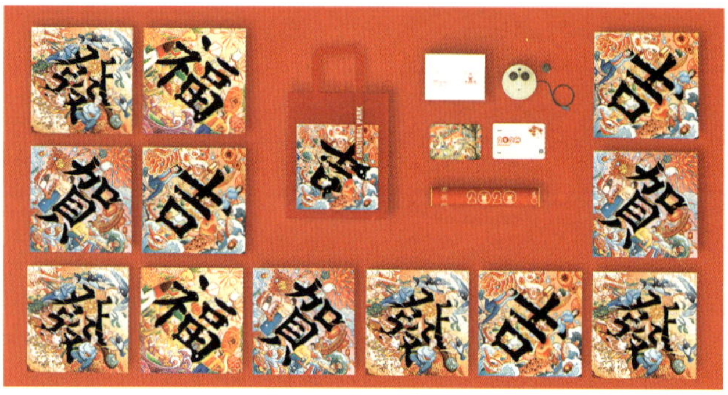

（a）春联

（b）音乐盒

图4-19 《鼠年礼盒》精神内涵文创产品（蘑菇文创）

图4-20：《鲁美猫》的形象创意产品是为鲁迅美术学院80周年校庆而设计的，猫是鲁美最常见的动物，与鲁美人方方面面的生活息息相关。《鲁美猫》以23只情态各异的猫组成一个群体，代表鲁美的23个学院，每只猫动态丰富，画面风格效果追求中国风，在构图、线条与颜色上都以水墨画为主。

（a）视觉形象

（b）团扇

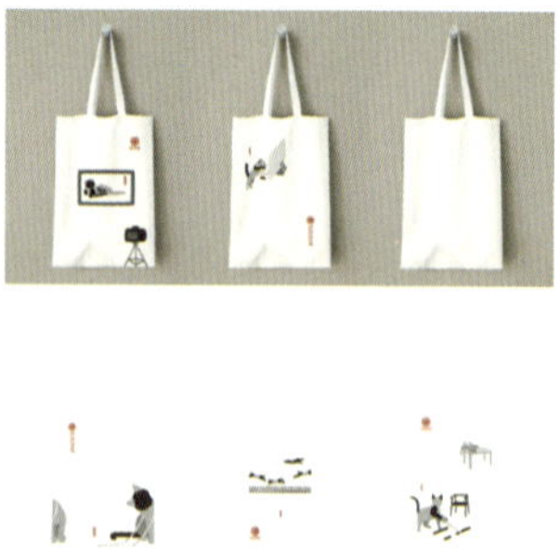

（c）帆布袋

图4-20 《鲁美猫》形象文创产品（pellucid）

3. 知识产权衍生

文创知识产权的衍生品是根据文化产品本体衍生出精神，再将其浓缩为符号，并通过艺术创作将其转化为实物形式。文创知识产权的衍生品最初是以文物为主题概念，强化知识产权而精心设计的玩具、食品、饰品、工艺品等实物，包括音乐、录像、书籍等文化产品，最终以形象知识产权授权的方式衍生到其他领域（图4-21）。

（a）定窑孩儿枕

（b）提梁壶茶具

（c）香炉茶具系列

图4-21 《故宫百子系列》文创衍生品（洛可可）

图4-21:《故宫百子系列》器具通过艺术再创作，结合茶道、香道美学匠心独运，以现代艺术语言来表达呈现，将故宫博物院的珍藏《定窑孩儿枕》设计成孩儿枕提梁壶茶具、香炉等器具系列。瓷器品质精美，是收藏与实用俱佳的艺术品，可作为高端国礼传播中国文化、增进交流，让其在新时代散发灿烂的光芒。

四、文创产品载体

文化创意的表现形式很丰富，任何能让消费者直观感受的产品和场景，都可以作为文创载体来展现。文创产品是以市场流通为手段、以商品为载体，将文化精准传达给消费者，促进产品销售和文化推广的主要媒介（图4-22）。

五、文创产品包装

特色化是文创产品的设计重点，特色文创产品与包装设计相结合，全方位挖掘文化内涵，与产品包装融为一体，进而产生具有竞争力的文创产品（图4-23）。

（a）民族娃娃系列产品

（b）花山丝巾系列产品

图4-22　广西民族博物馆文创应用载体

图4-22（a）：文化创意通过产品来迎合消费者审美，营造出符合产品形象的视觉效果，引导消费者认知产品。广西民族博物馆展览中的“广西十二世居民族娃娃系列”产品独具代表性，精美而有趣，使产品能够快速地传播和被记忆。

图4-22（b）：文创产品是传承优秀传统文化的物质载体，针对特定文化与产品进行场景设计，从而使文化创意更符合消费者的需求。“花山丝巾系列”产品是以世界文化遗产花山岩画为创意源头，将东方的水墨写意与西方浓重的色彩搭配进行融合，传递出壮族源远流长的文化。

（a）丝巾

（b）包装礼盒

图4-23　《飞天逐月》文创产品包装（妙手回潮）

图4-23：飞天是敦煌壁画的经典画面之一，该产品用丝巾代替手提袋，不但承担了手提的功能，更使丝巾成为一个产品。九色鹿、飞天、三兔图是敦煌最具有代表性的图案，产品在三兔图中注入中秋主题，充满了浓厚的敦煌气息。

第四节　文创设计案例赏析

根据文创产品的创意元素，以文创产品的效果图或实物为主体，进行单体或系列设计，最终成品经过拍摄后形成完整的文创设计作品。

一、《泉州福气》文创产品设计

泉州是一座历史名城，也是首届“东亚文化之都”之一。当地具有文化性质的建筑更是多种多样，如屋脊、东西塔和钟楼等，见证了一种文化与一个时代，所以设计师通过“香”将这种文化气息传递到现实中（图4-24）。

二、《西兰卡普》文创产品设计

非遗文创产品是指能够体现出某种非遗文化特质，可供购买消费，并能引发人们文化认同的文创产品。在土家语中，“西兰卡普”即土家族的打花铺盖（图4-25）。

图4-24：这里的异形线香产品的设计代表着两层含义：一是对于文化融入家庭的美好意境；二是对于文化的传承，越烧越短的香表达了设计师要唤起消费者对古建筑的保护意识。

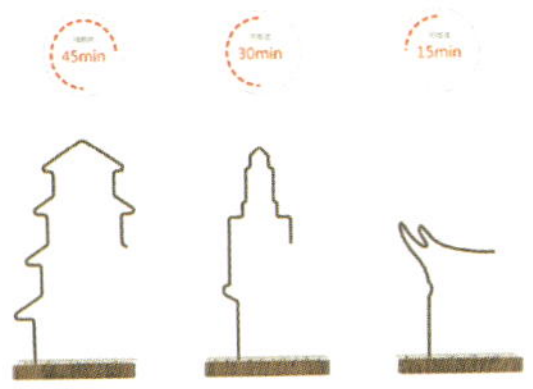

（a）产品设计

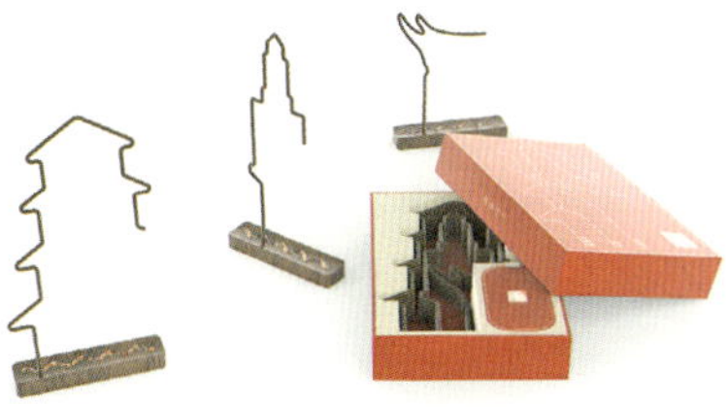

（b）产品包装

图4-24 《泉州福气》异形线香产品设计（D Design）

（a）文化创意

（b）图案设计

（c）实物展示

图4-25：打花铺盖受到土家族人民的珍爱，被认作是智慧、技艺的结晶，又称为土家之花。非遗文创产品设计是非遗文化有效的保护方式，在利用非遗文化元素进行设计前，要先将非遗文化元素转化为文化资源，再运用设计手段对非遗文化资源进行创新设计，从非遗文创产品的功能、使用情景、用户审美、材料应用、题材故事等角度出发，进行创新，使非遗文创产品适应新时代的需求，重新走入消费者的生活，这在非遗文创设计中起着积极作用。

图4-25 土家族《卡普小店》非遗文创产品设计

三、《Drying》文创产品设计

《Drying》果蔬饮品形象设计以新鲜、健康为理念，使用简洁明了的视觉语言，展示出产品的色彩纯度，还原新鲜本色，给人强烈的视觉冲击力（图4-26）。

四、《齐天小圣》文创产品设计

这套《齐天小圣》品牌产品的设计师围绕设计主题表达设计意图和交流设计信息，并在此基础上研究和分析设计思路，采用多种媒介载体对品牌创意的构想进行设计展示，完成了从提出最初的构想到表现产品形象，再到集中展示实物的整个设计过程（图4-27）。

五、《嗜家》文创产品设计

《嗜家》品牌产品旨在为孤身在异乡漂泊的人们提供随身携带的饱含家乡味道的产品。品牌标志以字体为主，包装设计分为家常菜系佐料和手工秘制酱两个系列，通过定制家常菜系佐料、唤醒家乡味道，来牵引人们反应的情绪表达（图4-28）。

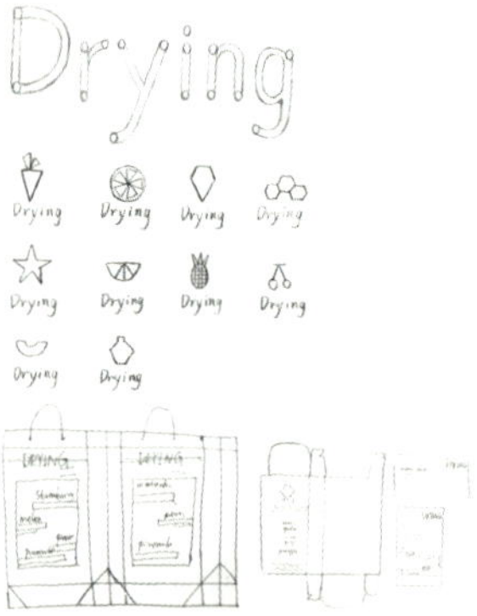

（a）草图

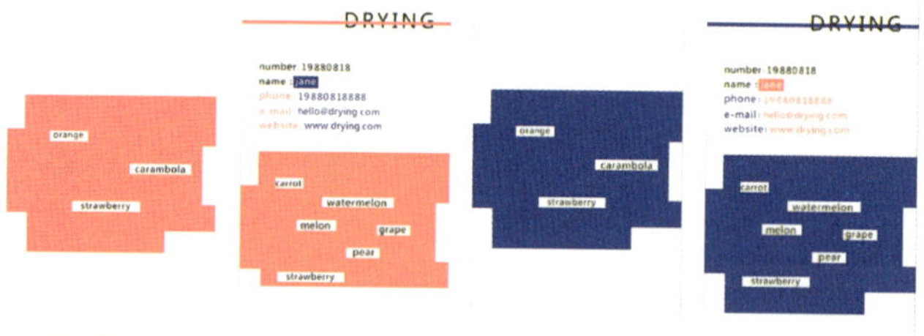

（b）包装设计图

（c）形象设计图

图4-26：用水果和蔬菜混合一起做成的饮料有很多种搭配，不仅营养健康还能美容养颜。产品以新鲜、自然为主要设计灵感，其产品形象以产品的轮廓图形概括，色彩视觉的设计同样也以鲜艳的色彩为指导，并使用不同材质、形状的产品载体来呈现。

（d）实物展示

图4-26 《Drying》果蔬饮品形象设计（张玉雪）

（a）设计图

（b）产品表现图

（c）实物展示

图4-27 《齐天小圣》品牌产品设计（李凤鸣）

图4-27：此套产品设计的出发点是表达释放自我的心态，品牌主题的取名灵感来源于一首诗："猕猴当年敖天章，偷将碧果把鲜尝，成佛归来度众生，化作猴桃美名扬。"

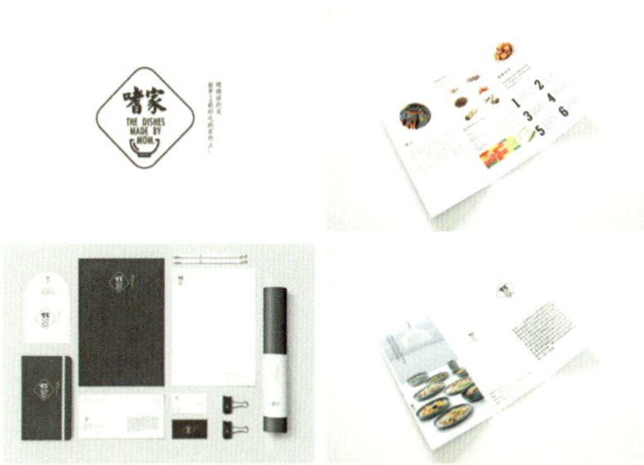

（a）设计图

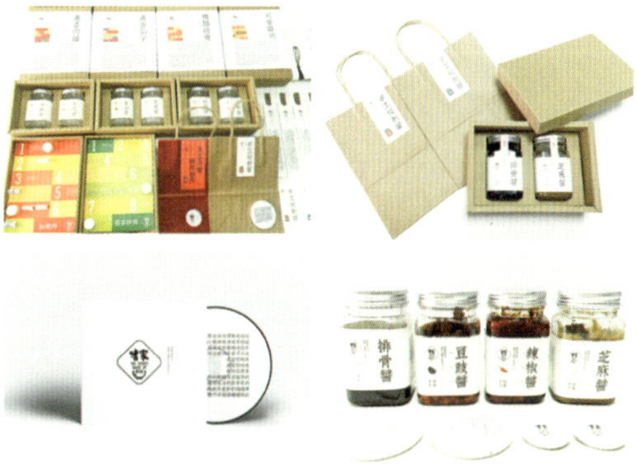

（b）产品表现图

（c）实物展示

图4-28：《嗜家》全套包装系列包括纸袋、包装盒、包装瓶、筷子套和布包等。手工秘制酱的包装采用天地盖式结构及玻璃瓶包装，便于陈列及食品保存；家常菜系佐料的包装设计将不同菜品的佐料按照做菜步骤和做法依次分量搭配，使人们在做饭时能够节约时间。

图4-28 《嗜家》品牌包装产品设计（张玉雪、倪毕升）

六、《神来运转》旋转灯筒年画文创产品设计

文化知识产权是有着高辨识度、自带流量、强变现穿透能力、长变现周期的文化符号。年画作为中国特有的一种绘画体裁，是中国民间艺术之一，主要用于新年时张贴，含有祝福新年、吉祥喜庆的含义，在当代文化背景下，逐渐创新出了与之相适应的各种装饰艺术（图4-29）。

（a）年画设计

（b）产品表现图

（c）产品包装

（d）月历年画设计

（e）产品表现图

图4-29 《神来运转》旋转灯筒年画产品设计（慢物质）

图4-29：传统“图案字”结合剪纸工艺与传统年画之间的奇妙共性，赋予别样的波普意味与当代气息。该产品图案选用了Risograph专色印制，色彩纯净，剪纸式的镂空图形带着老式的、传统的、令人怀旧的味道，利用集合机械感与丝网印刷手工感的印刷方式与中国年画进行了别开生面的碰撞，它的印张有着类似丝网印刷的独特美感，加之专色油墨的使用，给人一种可精细也可粗糙的感觉，前卫又复古。

补充要点

传统工艺的创意源

1. 剪纸。以剪纸为主题的文创产品多围绕传统图形进行创作，以红色宣纸为材料，此外，通过雕刻机完成的纸雕灯是文创产品中比较常见的形式，让剪纸工艺具有了实用价值。

2. 漆艺。漆艺运用在文创产品设计中，摆脱了纯装饰性约束，融入人们生活中，让年轻的主力消费群体了解漆艺语言的独特魅力，从而实现漆艺文化推广，也为传统漆艺产业发展开辟了新方向。

本章小结

文创产品经过一定创意设计后，能形成强烈的设计感，成为多样化的产品载体，本章讲解了文创产品的设计流程，它包括前期调研、素材搜集、方案策划、设计实施、产品效果、生产展示等相互关联的过程。通过了解文创产品的设计流程知识，对文创产品开发有更深刻的认识。学习本章知识，对于今后的文创产品设计理念提出与展示很有帮助。

思政训练项目

根据自己对文创设计思维与表现方法的理解，仔细分析本章案例，指出当代我国文创产品的共性特征，考虑在这些特征中加入中国传统元素或厚植爱国主义情怀。选择本章案例中的一例，重新设计或改造该案例中的1～2件文创产品。

课后练习

1. 文创产品设计的前期调研包括哪些方面?
2. 简述行业调研与竞品调研的作用。
3. 消费者调研的对象有哪些?
4. 企业调研包括哪些内容?
5. 熟悉并掌握文创策划的三个步骤，并具体说明创意设计的内容。
6. 说明文创产品的创意设计表现图。
7. 文创产品的呈现方式有哪些?

第五章

文创产品设计制作步骤

识读难度： ★★★★★

重点概念： 主题元素、产品载体、产品包装、品牌创意

章节导读：

文创产品来源于艺术本身，能改变艺术品的个体特征，成为具有审美价值且能批量生产的商品。在设计过程中，要直接表达增强视觉效果的形式，有效丰富画面，表达设计内涵，能更好地将信息传递出来，给人感性认识，从而获得不同的艺术效果。

PPT课件
请扫码阅读

第一节 国潮主题元素产品

国潮所包含的基本设计元素有中国、品牌、潮流、文化，它以中国文化和传统为基础，集时尚与格调于一身，是东方美学的淋漓表现。国潮不仅可以用现代语言诠释古老文化，赋予其现代的美感，还可以将传统文化融入时尚设计，使其带有中国特定元素，符合当下消费者的审美潮流，深受年轻人喜爱。

一、国潮建筑元素

国潮风格作品一般采用插画的形式来表现，风格形式多样，审美标准具有多元化特征，容易传达特定的文化内容，是传达设计师思维，表现气氛、情感或意境的媒介。由于插画带有强烈的主观意识，既可以为特定消费群体服务，也可以成为表达设计师内心情感的载体（图5-1）。

中国元素在传统与现代的碰撞中巧妙结合，形成灿烂多姿的时尚潮流。从画面表现形式看，国潮既可以是体现中国文化的复古中国风，又可以是展现国际潮流的创新中国风（图5-2、图5-3）。

图5-1：江南传统建筑是我国流传最广的设计图形之一，其典型外形是现代设计创意的首选，在中国人的心目中象征着精湛、高超的建筑艺术，占据了现代国潮设计的半壁江山。关于江南建筑的典故非常多，体现了独特的地域文化，其中塔楼、牌坊等建筑造型是应用最广泛的吉祥图案，也是中国传统年画中的常见题材，久传不衰，寓意登高望远、名留千古、功成名就等。

图5-2 视频

图5-1 江南传统建筑插画（无锡文创）

图5-2（a）：建立背景，加入布袋素材。

图5-2（b）：文化创意以江南建筑元素插画为主，将插画置入布袋上。

图5-2（c）：置入插画后，将插画调整为正片叠底，然后对其部分进行对比度、滤镜等画面调和，并降低透明度，完成创意产品。

（a）建立背景素材　（b）置入插画　（c）正片叠底

图5-2 江南建筑文创布袋（无锡文创）

（a）建立背景素材

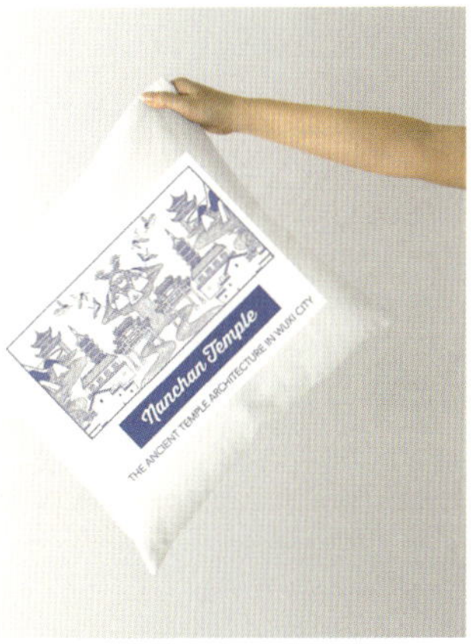

（b）置入插画

（c）调整画面亮度

图5-3　江南建筑文创抱枕（无锡文创）

图5-3（a）：建立背景，加入抱枕素材，然后对其进行优化。

图5-3（b）：置入江南建筑元素插画图案，将插画置入抱枕上，然后用智能滤镜调整画面效果。

图5-3（c）：调整画面亮度，加深边缘阴影效果，增加体积感，完成创意产品。

图5-3　视频

二、时尚文化元素

无论是传统文化符号，还是现代图形，都是中国文化的重要组成部分。将这些深入人心的文化符号用到产品设计中来，给予它们新的生命力，让消费者感受到新与旧的碰撞（图5-4、图5-5）。

图5-4　国潮元素吉祥文化插画（慢物质）

图5-4：现代图形的范围分类很广，有着鲜明的社会文化标记和内涵。外在体现从图腾延伸到人们衣食住行的方方面面；内在预示意义从直观美好的愿望延伸到好运、幸福、长寿等文化含义，从而构成了独树一帜的时尚文化。

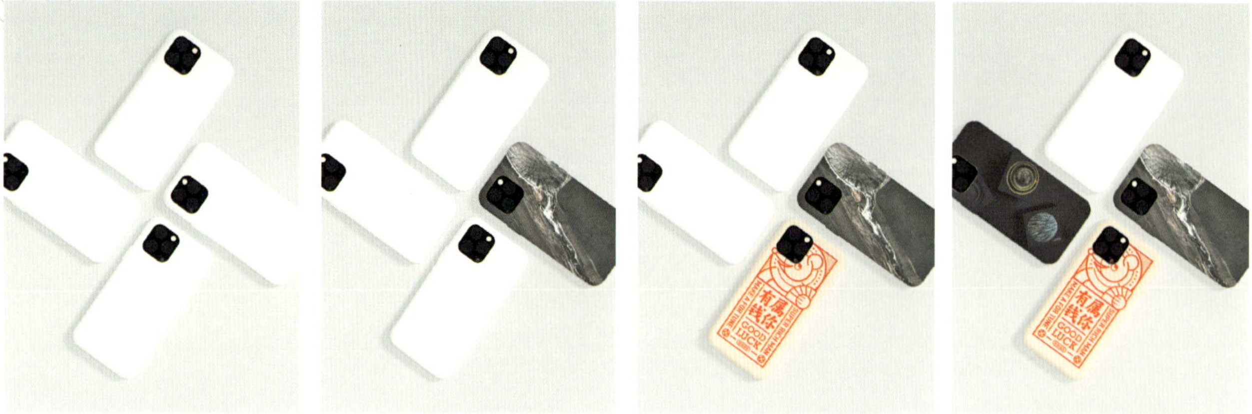

（a）建立背景素材　（b）置入并调整插画1　（c）置入并调整插画2　（d）置入并调整插画3

图5-5（a）：建立背景，加入空白手机壳素材，复制并调整四个手机壳的位置，然后用智能滤镜调整画面效果。

图5-5（b）：加入第一个文化元素的插画图案，将插画置入手机壳上，修改插画应用范围的大小，将插画调整为正片叠底，然后添加图层蒙版，调整插画应用载体的效果。

图5-5（c）：将第二个文化元素的插画图案置入手机壳上，步骤同（b）。

图5-5（d）：将第三个文化元素的插画图案置入手机壳上，步骤同（b）。

图5-5（e）：将第四个文化元素的插画图案置入手机壳上，步骤同（b），最后调整画面对比度，添加光线效果，完成创意产品。

图5-5　视频

（e）置入并调整插画4

图5-5　时尚文化创意手机壳（赵伟伶）

三、传统节日元素

在设计作品中运用传统节日元素是对民族文化的认同，更是文化自信的表现，它包含了无限丰富的中国元素，这些元素有中国文化、中国艺术、中国精神等，它们形成一个整体，为文创产品设计提供丰富的文化艺术素材，成为传统节日文化创意的来源和基础（图5-6、图5-7）。

图5-6：古老传统节日的起源与原始信仰、祭祀文化、天象、历法等人文与自然文化内容有关。端午是仲夏之月、旺火、阳气至极、蚊虫滋生；虎是五行瑞兽、属水、四象中的少阴。端午节在中国农历五月，容易滋生蚊虫之类的生物。为了抵抗从内到外的热，此款插画用了虎镇五毒的主题，遵循阴阳相克的道理，将文化元素与传统节日端午结合在一起，表现出颇有特色的“避五毒”“祈福辟邪”等习俗。

图5-6　国潮元素传统节日插画（张岐珊）

（a）创意礼盒　　（b）拼图插画　　（c）系列产品

图5-7 《玩味识物》传统节日端午系列文创产品（张岐珊）

图5-7：这款端午系列文创产品，将拼图游戏融入礼盒中，希望通过这款创意礼盒，带给大家好吃的粽子，并让大家通过参与这个小游戏来了解一些端午文化。

四、城市元素

每个城市都有自己的文化特色，在设计中融合著名景点、文物等内容，以中国风传统色彩为基调，表现出低调深沉且不失庄重的视觉效果，表现出景点建筑的古韵，与传统色彩搭配和谐，恰到好处地表现了艺术感。这种画风辨识度高，缓解了人们对以往插画的审美疲劳，迎合当下年轻消费者的审美需求（图5-8、图5-9）。

（a）蚩尤创意　　（b）苗族创意

图5-8　国潮城市元素插画

图5-8：《蚩尤九黎城》展示和传承了苗族文化，彰显出苗族文化丰富的内涵。此款插画运用了中国最大的苗族传统建筑群“九黎宫”图案，建筑群依山就势，将四合院、吊脚楼、冲天楼三种建筑融合为一体，主题形象采用蚩尤与苗族服饰进行设计，展示出九黎城的文化符号。

（a）手机支架　　（b）冰箱贴　　（c）笔记本

图5-9 《蚩尤九黎城》城市系列文创产品

图5-9：该系列文创产品依托《蚩尤九黎城》插画，通过设计创意，挖掘传统文化，围绕插画蕴含的历史性、文化性、艺术性开发设计出具有趣味性、实用性、互动性的文化创意产品，促进传统文化与新时代审美的结合，民族文化与多元文化的结合。用设计展示传统文化、民族文化的魅力，同时展示苗绣、蜡染、木雕、银饰、造纸等工艺，刷新重庆彭水蚩尤九黎城的形象，从而带动当地的经济和文化发展。

补充要点

中国风与国潮风插画

1. 中国风插画。这是指极富中国传统文化的插画形式，通常会借鉴中国画的笔墨手法进行创作，画面整体效果温润雅致，题材选用中国传统历史文化故事，被广泛应用于文创产品中。

2. 国潮风插画。这是指带有潮流风格的特色插画，是一种更流行、更时尚的插画形式，画面效果与中国风相比，更加富有激情，常抛开淡雅、娴静的气质，化身为活泼可爱的潮流元素，整体效果富有流行文化的气息。

第二节　产品创意载体

从文化创意的创作特色出发，将其应用到产品载体上，不改变产品载体原有结构，通过印刷、雕刻、3D打印等工艺制作。

一、传统印刷产品

印刷载体的种类繁多，最常见的有纸张、纸板、布、纤维板、塑料片、金属皮等，选择适当的印刷载体和油墨，最终效果需要通过印刷来完成。印刷前的字体选用、图文编排组合等设计，都会影响最终视觉效果（图5-10～图5-12）。

图5-10　视频

图5-11　视频

（a）建立背景素材

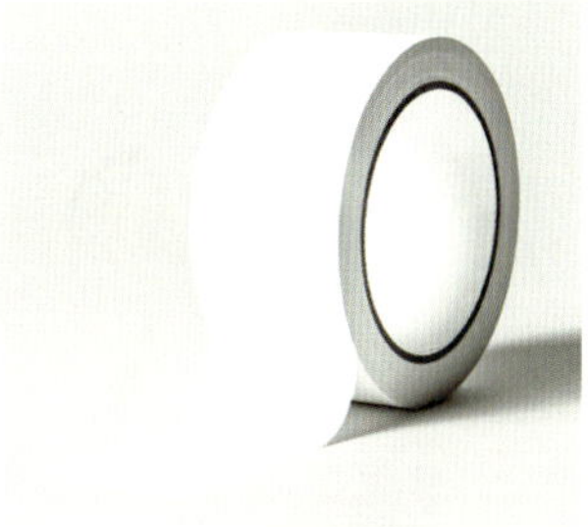
（b）添加蒙版

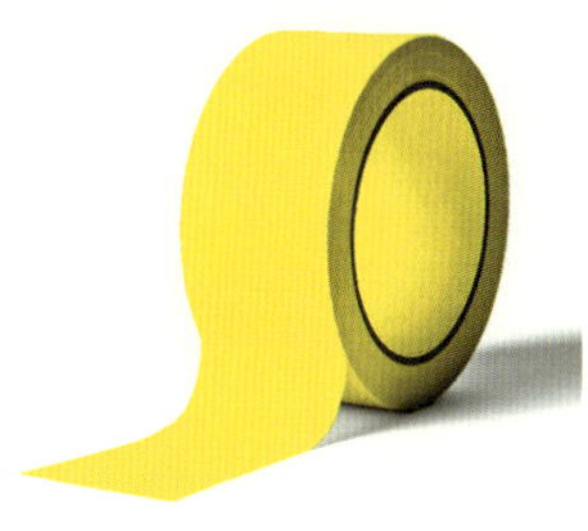
（c）选取颜色

（d）露出白色

（e）置入素材图片

（f）正片叠底

（g）增加高光图层

（h）整体调整

图5-10 印刷胶带载体（妙手回潮、赵伟伶）

图5-10（a）：建立背景，加入胶带素材。

图5-10（b）：复制胶带素材，添加蒙版，并调整对比度，将胶带素材提亮。

图5-10（c）：按创意主题选取颜色，这里是选择黄色，将胶带素材整体填上色彩。

图5-10（d）：根据胶带原有的载体形态特征，将胶带内圈的白色部分露出。

图5-10（e）：利用透视效果，将素材图片置入胶带贴地部分。

图5-10（f）：将置入的图案素材调整为正片叠底，便于更好地贴合产品。

图5-10（g）：增加高光图层，让胶带具有光泽。

图5-10（h）：根据光源方向，对胶带部分区域进行对比度调和，观察、营造反光效果，完成产品创意载体。

（a）建立背景素材

（b）正片叠底

（c）文字素材置入

（d）分别置入图片

图5-11（a）：建立背景，加入雨伞素材。

图5-11（b）：复制雨伞素材，调整为正片叠底，然后添加蒙版，将雨伞素材填上红色。

图5-11（c）：利用透视效果，将文字素材置入雨伞的中间区域。

图5-11（d）：继续利用透视效果，将图案素材分别置入雨伞不同的区域，并将置入的文字与图案素材调整为正片叠底，使其贴合雨伞，最后完成产品创意载体。

图5-11 印刷雨伞载体（蘑菇文创、赵伟伶）

（a）建立背景素材　　（b）正片叠底　　（c）增加置入图片1

图5-12（a）：建立背景，加入不同系列的载体形态素材。

图5-12（b）：利用透视效果，将图案置入手提包载体上，然后将置入的图案素材调整为正片叠底，便于更好地贴合产品。

图5-12（c）：选用另一种图案元素，利用透视效果，将图案置入笔记本上，步骤同（b）。

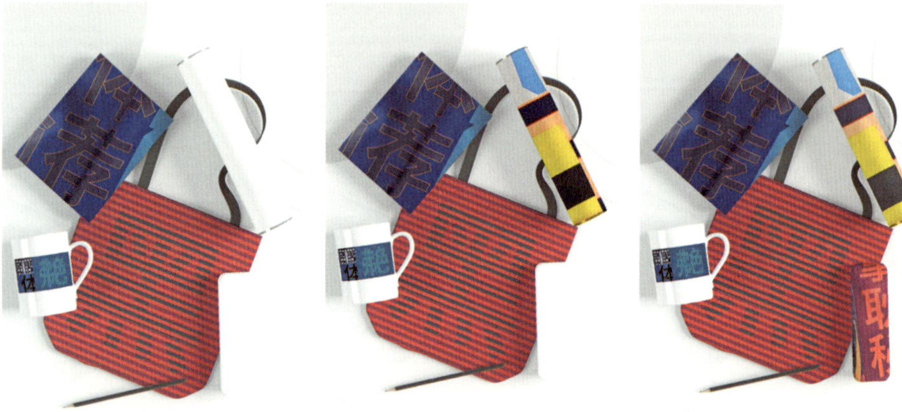

（d）增加置入图片2　　（e）增加置入图片3　　（f）最终完成

图5-12（d）：利用透视效果，将文字图形置入陶瓷杯上，步骤同（b）。

图5-12（e）：继续利用透视效果，将文字与图案搭配组合后置入圆筒上，步骤同（b）。

图5-12（f）：将圆筒组合上的文字与图案，按照适合的大小与角度置入文具盒上，步骤同（b）。

图5-12　视频

图5-12　不同印刷系列的载体形态（A BLACK COVER DESIGN-信黑丝巾、赵伟伶）

二、现代印刷产品

以现代印刷工艺为主，借助高新技术对传统文化资源进行加工、改造。从机器扫描、3D打印再到成品制作，每一个过程都力求精益求精，只是为了能够降低艺术品的门槛，真正迎合市场的需求，让艺术品走向大众，让弘扬与传承并行（图5-13、图5-14）。

（a）建立背景素材

（b）正片叠底

（c）增加置入图片

图5-13　视频

（d）继续增加置入图片

（e）最终完成

图5-13（a）：雕刻类产品以展示设计图为主，先建立背景，再加入徽章素材。

图5-13（b）：利用透视效果，将设计好的主题图片素材置入最前面的徽章上，建立图层蒙版，并将置入的图案素材调整为正片叠底。

图5-13（c）：选用另一种图案元素，步骤同（b）。

图5-13（d）：继续选用另一种图案元素，步骤同（b）。

图5-13（e）：继续选用另一种图案元素，步骤同（b），然后移动图层至其他图案图层的下方。

图5-13　雕刻徽章载体（A BLACK COVER DESIGN、赵伟伶）

（a）建立背景素材

（b）正片叠底

（c）提亮效果

图5-14　视频

图5-14　雕刻工艺滑板载体（蘑菇文创、赵伟伶）

图5-14（a）：以展示设计图为主，先建立背景，然后加入滑板素材。

图5-14（b）：利用透视效果，将设计好的主题图片素材置入滑板上，并将置入的图案素材调整为正片叠底。

图5-14（c）：将图案素材编组，调节亮度对比度，提亮效果。

三、春联创意设计

春联是春节时所贴的红色喜庆元素，以对仗工整、简洁精巧的文字描绘美好形象，抒发美好愿望，是中国特有的文学形式。春联文化在发展过程中，还形成各种图案的对联、福字、窗花、红包等，是中国民俗文化的代表（图5-15）。

四、雕刻创意设计

随着经济和技术的不断发展，文创产品设计的种类变得五花八门，激光的切割、雕刻、镂空等工艺也在文创产品中经常展现，并为其带来一系列精致实用的创意载体（图5-16）。

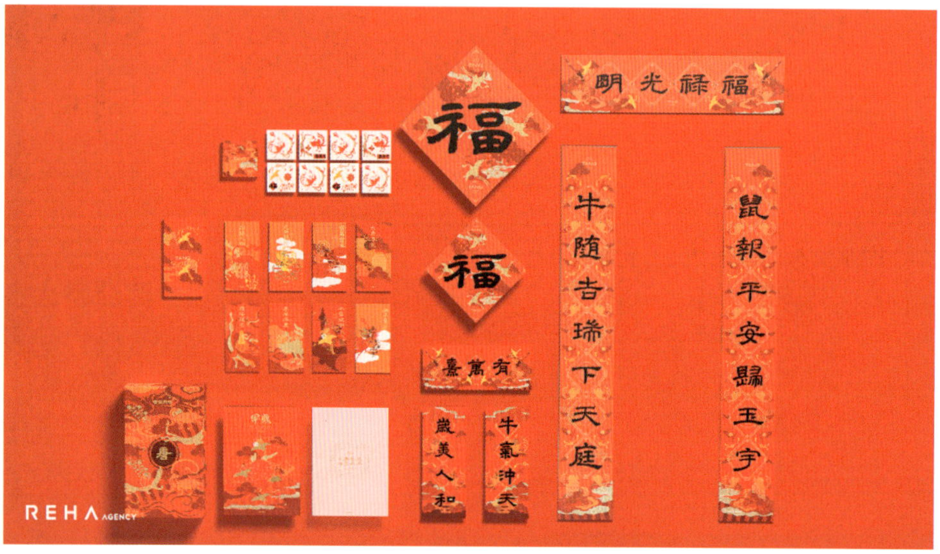

图5-15 《风回大唐春》年礼系列文创产品

图5-15：这套年礼系列文创产品，以唐代铜镜为主体，将纹样元素进行勾勒提取，结合当代审美、新年场景，将纹样轮廓、色彩作以优化搭配，让人感受到带有唐代传奇色彩与浪漫气息的年味。

（a）创意载体　　（b）产品展示

图5-16　故宫香氛灯（MINISO）

图5-16：这件文创产品以故宫藏品“红色缂丝海鹤寿桃图红木雕花柄团扇”为原型进行设计，屏风中的3D立体纹样取自于装饰养心殿的“轱辘线”图案，形似圆形方孔钱，寓意财源滚滚。

第三节　文创产品包装

包装能表现出文创产品的功能和作用，可以通过包装的材料、结构、造型、图案等来体现。文创产品包装设计要考虑产品运输安全问题，延长文创产品的使用周期。

一、新概念牛奶品牌包装

牛奶是一种营养食品，消费者对产品的期望就是绝对天然，至鲜至纯，所以整体的包装不应过分夸张前卫，而应当是单纯、直观、富有亲切感的简洁设计，带给消费者绿色健康的产品印象。在文创产品包装设计中，以较少的元素排列整合，每一个细节需要设计师反复推敲、磨合，直到呈现出最佳效果（图5-17～图5-19）。

（a）星座符号创意　（b）天气符号创意　（c）时间符号创意

图5-17　文化创意元素

图5-17（a）：黄道十二宫星座，是春分时太阳运行轨道上依次排列的12个星座。星座在年轻消费者心中是非常流行的时尚事物，通过网络、影视、纸媒等诸多传播途径流传。

图5-17（b）：天气符号是用于表示气象的简易符号，一般常用于晴、阴、雨、雪等天气表示，以这些符号为基础，结合天气现象可在一定程度上影响人们的情绪。

图5-17（c）：日常生活中，人们对于时间的概念大多就是几点几分，而对于一天中的早、中、晚这些时刻的划分会经常使用。

（a）外包装盒　（b）天气元素牛奶包装　（c）时间元素牛奶包装

图5-18　包装设计平面图

图5-18：包装设计是一门综合性很强的设计活动，要运用各种方法、手段，将商品信息传达给消费者。企业需要通过产品外包装设计这一载体来传达产品的内涵，它涉及自然、社会、科技、人文、生理和心理等诸多因素，是产品个性的直接传递者。

（a）产品容器包装

（b）产品内外包装

（c）产品包装结构

（d）礼品包装

图5-19　牛奶创意品牌包装展示（王洋）

图5-19：包装设计涵盖产品容器设计、产品内外包装设计、标签设计、运输包装设计、礼品包装设计等，这些都是提升产品质量的重要因素。选用合适的包装材料，采用文化创意元素，运用巧妙的工艺制作手段，给产品进行容器结构造型设计，帮助产品树立形象，建立品牌。

二、零食品牌包装

包装设计对于一款零食而言是非常重要的，具体设计时要考虑商品的具体名称。外包装上的名称要做到清新和精细，让消费者快速获知这款产品的品牌，给消费者十分醒目的视觉效果（图5-20、图5-21）。

图5-20：包装设计上应包括这款零食的注册商标，这个商标不仅能够代表这款商品，还能从中反映出生产这款零食的企业形象。因此，注册商标应当反映在品牌形象的外包装上，通过视觉方式展现在消费者面前，可以反映出这款零食的特色，反映消费者的审美定位。

（a）包装设计草图

（b）品牌形象平面设计图

图5-20　零食品牌名称设计图

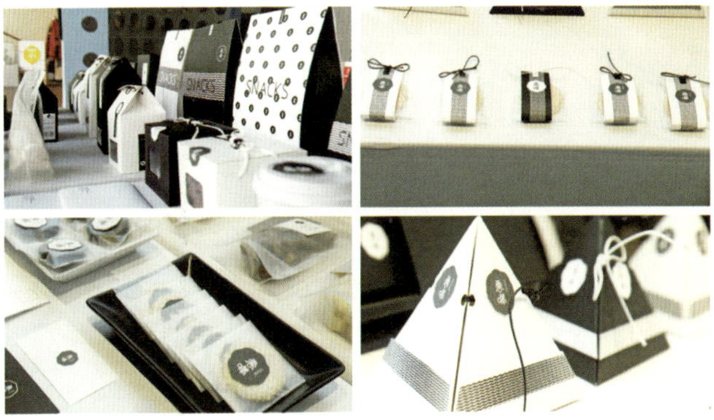

（a）产品内外包装

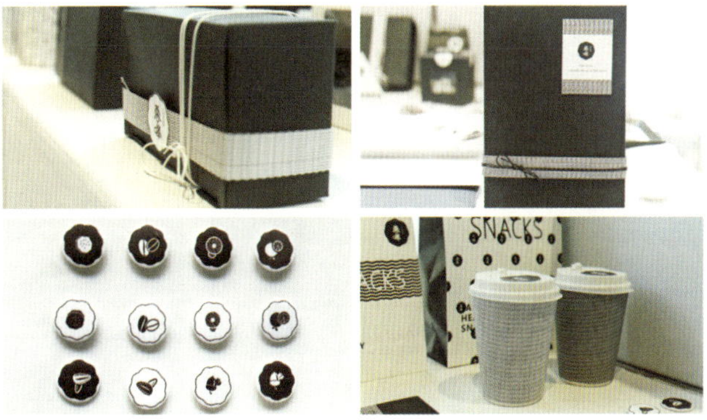

（b）礼品包装

（c）产品容器包装

图5-21　零食创意品牌包装展示（胡家伟）

图5-21：以个性、洒脱为理念设计的个性零食品牌，使用的是纯黑白色系的视觉语言，让产品个性表现别具一格。部分包装直接突出产品形态与质感，另一部分是以包装的形状或产品形象相关的元素为出发点，搭配显眼的图形，突出产品的美味、新鲜或工艺的精细，这种形式的包装设计，主要以品牌影响力为主，搭配现场零售，多为可循环利用的包装或礼盒装。

三、创意礼盒包装

礼盒包装设计一般用于节庆场合，在其包装设计上应突出针对性，体现不同礼品的特殊性与用途。如中秋佳节的月饼礼盒包装设计，除了选取高档材料作包装，还应注意其针对性。例如，中秋节作为传统节日之一，包装所传达的语言必须具有中华民族文化特色，这些特色可以从包装造型、图案、字体、色彩等方面充分体现出来（图5-22、图5-23）。

（a）形象创意

（b）插画创意

图5-22　礼盒创意平面设计图（野狗富贵）

图5-22：创意主题以搜狗的“汪仔”卡通形象为主角，创作的故事情节为“汪仔”受邀参加月球聚会，并在前进的过程中不断研发新的技术，给其他星球带来全新体验。画面分为五个年份的故事线，对应着搜狗2016—2020年产品技术升级的过程，2016年同传技术、2017年立知问答系统、2018年翻译宝、2019年AI录音笔、2020年的3D分身。

（a）礼盒外包装

（b）礼盒内包装

（c）抽拉式结构

（d）月饼包装

（e）书签与冰箱贴装饰品

图5-23　2020年搜狗《AI的飞行日记》中秋礼盒包装展示

图5-23：礼盒更加注重包装形式，要考虑包装的协调性、对称平衡、尺寸大小等因素，其中就包括翻盖式、抽屉式、组合式等。这款礼盒外包装运用的是亚克力盒子，在为用户提供其他功用的时候，增加了额外附加价值；添加书签与冰箱贴饰品，在为用户提供礼品的同时还能起到品牌传播的效果。

四、城市限定系列包装

当下球鞋文化非常流行，使球鞋潮流收纳成为新的生活趋势之一。当代年轻人对多元潮流文化十分渴求，潮流生活品牌GOTO正式开启“城市限定企划”，联合不同艺术领域的设计师，打造每个城市的原创鞋盒套装，希望通过别样的潮流态度，诠释每座城市的文化温度（图5-24、图5-25）。

（a）鞋盒创意　　（b）系列文创产品

图5-24 《GOTO广州限定鞋盒》包装展示（Holyhood）

图5-24（a）：这款城市限定鞋盒的外观采用透明夜光材质，配合夜光材质面板，设计了声控发光鞋盒。

图5-24（b）：“一盅两件”是粤式早茶文化的俗称，一盅是一壶茶，两件指两笼点心。在生活气息浓厚的广州，以广州人最热衷的叹茶文化为灵感，将广州城市限定系列产品命名为“一盅几件”，鞋盒和定制周边都结合粤式饮食文化，包括茶杯、茶楼点心卡、印章、毛巾、圆珠笔等，整个套装呈现出传统老广州“一盅两件”的茶楼场景。

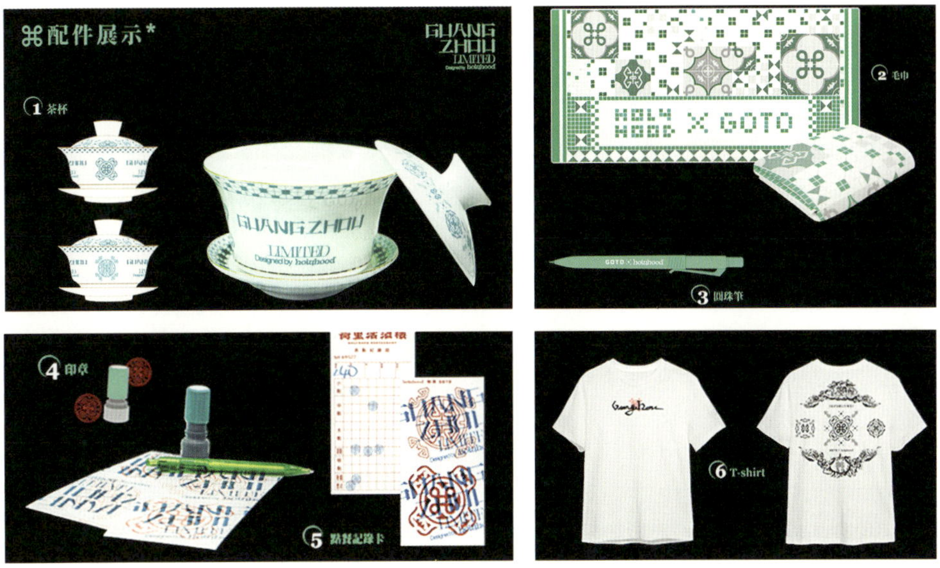

图5-25 《GOTO广州限定系列》产品展示（Holyhood）

图5-25：该系列文创产品参考了广府文化中独有元素，图案结合了水泥花砖图案，包括对元素重新解构设计的图腾花纹、底板上的马赛克印花及合作标志设计。图案细节还提取了窗门墙瓦上的“蝙蝠”动物雕花，象征广府文化中的吉祥寓意“万福”。

补充要点

文创产品包装设计的感官理念

1. 视觉设计。文创产品有显著的文化特征，要在包装中呈现文化属性，利用符号、构图或色彩搭配等方式，突出文化特征。

2. 触觉设计。可以通过新型材料的应用，创新包装的制作工艺，如利用木材、纺织面料、牛皮纸等，丰富文创产品包装的触感，提高文创产品的档次。

3. 嗅觉设计。当闻到文创产品包装上某种熟悉的味道时，消费者可在脑海中回忆味道的来源。可以在印刷中引入油墨味或水果味吸引消费者的注意力，引导消费者产生情感体验，提高产品对消费者的吸引力，从而产生购买行为。

4. 听觉设计。文创产品包装可以引入电子功能，使文创产品包装“发声”，丰富消费者的开箱体验，为消费者带来更多惊喜。如儿童文创产品，打开包装盒的同时能播放音乐或语音，提高文创产品包装的用户体验好感。

第四节 品牌产品创意

品牌产品创意本质上是展示了品牌的精神世界，使产品潜能得以发挥，打开丰富无穷的想象空间。

一、“小蜜蜂蛋糕”餐饮品牌创意

餐饮产品是指餐饮企业向社会提供的，并且能满足人们需要的实物产品和无形服务的总称，包括产品的色彩、形状、构成、质量、服务等。从品牌实际出发，顺应市场的发展需求，适当增加一些创意产品，这些产品承载了丰富的地域特色文化，这种文化从品牌形象、产品风味、室内装修、员工服饰礼仪等都能体现出来（图5-26～图5-30）。

图5-26：卡通形象是一种感性和时尚的流行元素，有着趣味性与直观性，容易被消费者接受，能直观表现品牌所要传达的意义与生命力。设计者根据不同的餐饮种类和品牌，打造出不同的卡通形象，以此来开发设计其他产品创意，提升属于餐饮品牌自身的竞争力。

图5-26 “小蜜蜂蛋糕”品牌卡通形象（立入禁止）

（a）建立背景素材　（b）正片叠底　（c）添加投影

（d）置入空白卡片　（e）置入卡通形象图案　（f）复制空白卡片

（g）加入夹子素材　（h）图层移至下方　（i）填充底色并植入图案

（j）添加投影效果　（k）添加装饰

图5-27　视频

图5-27　餐饮品牌产品设计（赵伟伶）

图5-27（a）：品牌创意以展示设计图为主，先建立背景，再加入布包素材。

图5-27（b）：将设计好的卡通形象图案置入布包上，建立图层蒙版，并将置入的图案素材调整为正片叠底。

图5-27（c）：确定光源的方向，添加投影效果。

图5-27（d）：选择一张空白卡片放置在背景中，并添加投影效果。

图5-27（e）：复制上一张空白卡片，放在白卡片上方，并置入卡通形象图案。

图5-27（f）：复制上一张空白卡片，放在图案卡片的上方，并将其填充为粉红色，再置入卡通形象图案。

图5-27（g）：左边部分设计好后建立组，在右方空白背景处加入夹子素材。

图5-27（h）：加入常见的文件夹素材，并将图层移至夹子图层下方。

图5-27（i）：将文件夹上的白纸填充为粉红底色，在中间置入卡通形象图案。

图5-27（j）：文件夹部分设计好后建立组，并将组添加投影效果。

图5-27（k）：产品设计完成后，观察效果，在部分区域添加咖啡豆装饰，完成效果。

（a）建立背景素材

（b）背部填色

（c）前部填色

（d）正片叠底

（e）确定光源方向

（f）添加投影

图5-28 餐饮帽子设计（赵伟伶）

图5-28（a）：先建立背景，再加入正与反的帽子素材。

图5-28（b）：对反面方向的帽子进行分区域填色。

图5-28（c）：对正面方向的帽子进行分区域填色。

图5-28（d）：将卡通形象图案分别置入正与反帽子的中间，图层类型选择正片叠底。

图5-28（e）：确定光源的方向，对左边的帽子左侧进行提亮，右边的帽子右侧添加阴影。

图5-28（f）：整体添加投影，观察调整效果。

图5-28 视频

（a）建立背景素材

（b）置入图片

（c）确定光源方向

（d）添加投影

图5-29 餐饮钥匙扣设计（赵伟伶）

图5-29（a）：先建立背景，再加入钥匙扣素材。

图5-29（b）：利用透视效果，将图片置入钥匙扣装饰部位。

图5-29（c）：确定光源的方向，将图片添加提亮效果。

图5-29（d）：整体添加投影，观察调整效果。

图5-29 视频

（a）建立背景素材

（b）轮廓绘制

（c）颜色叠加

（d）置入卡通形象图案

图5-30（a）：先建立背景，再加入抱枕素材。

图5-30（b）：沿着抱枕素材的轮廓绘制一个稍微大点的抱枕，填充白色。

图5-30（c）：对绘制的抱枕进行颜色叠加，为展现抱枕效果，复制三个绘制的抱枕图层，第一个图层类型选择滤色，填充为15%，第二个图层类型选择正片叠底，第三个图层类型选择滤色，填充为10%。

图5-30（d）：最后将卡通形象图案置入抱枕上，完成效果。

图5-30　视频

图5-30　餐饮抱枕设计（赵伟伶）

二、“句句兽”宠物食品品牌创意

句句兽是一个宠物食品品牌，产品以宠物食品、宠物保健品等为主，为时下宠物界流行的网红潮品。产品包装五颜六色，但并不花哨，反而充满时尚和可爱的设计感，就如同它所代表的品牌格调一样，单纯又精致，这个视觉表现形式能让消费者认同品牌主张，同时也更符合当下年轻人的偏好（图5-31）。

三、“岱走岱山”地域文化品牌创意

将地域文化元素融入文创产品设计中，可以使产品具有独特的创意效果。品牌既承载了地域文化特色，又具有完整的商业属性，能体现出城市的发展活力，有利于文化创意产业发展，提升地域文化竞争力（图5-32～图5-34）。

（a）罐头创意形象

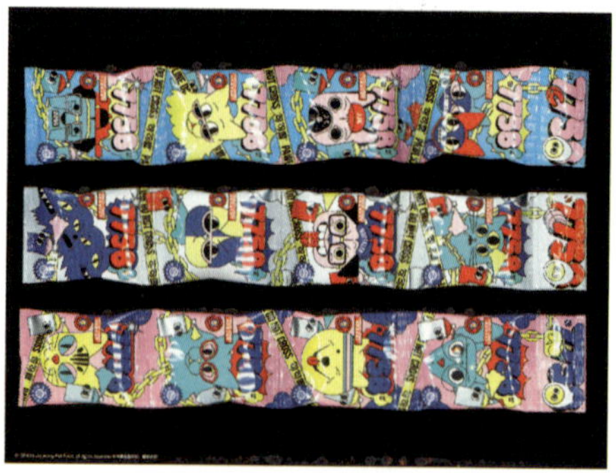

（b）零食创意形象

图5-31：“句句兽”变化多端、色彩斑斓的形象组合表达出人与动物共同存在的复杂性，无论是从创意上，还是从色彩、造型上，都要尽可能脱离常规品牌效果，保持自身品牌创意的专属性，将品牌的价值观和审美观高度融合。

（c）产品创意包装

图5-31 “句句兽”品牌产品创意（LAVA）

（a）标志创意

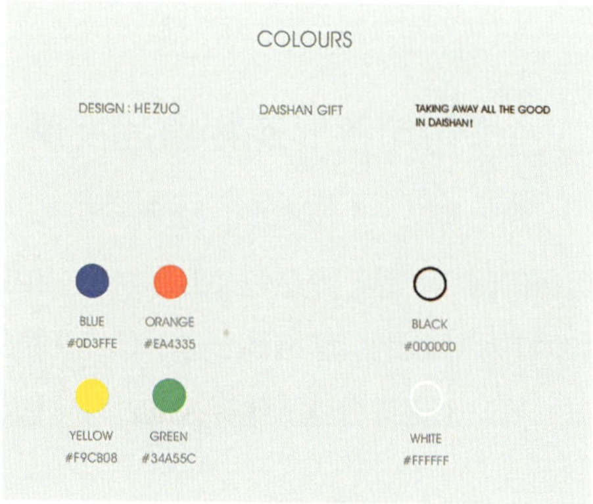

（b）标志色彩

（c）标志应用手提袋

图5-32：标志在品牌传递形象的过程中，应用最为广泛，出现次数最多。岱山形象的标志，可以让人们记住品牌主体和品牌文化。在设计之前要进行基本的调研分析，然后挖掘所需要的素材，进行设计开发，它在视觉传达要素的核心部分，传达着品牌的理念、价值取向、文化特色等。

图5-32 “岱走岱山”标志创意产品［禾作（上海）文化创意有限公司］

（a）图案创意设计

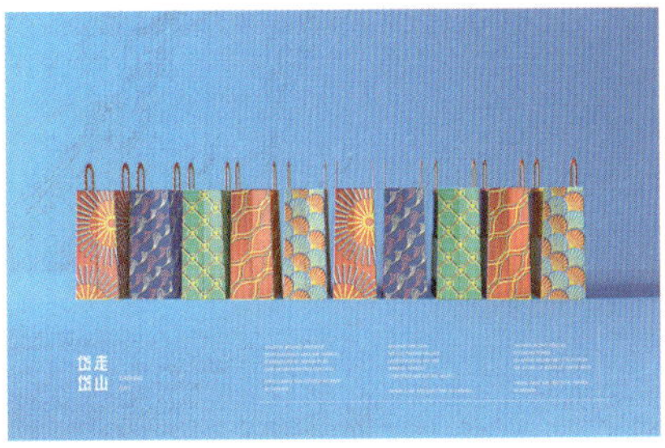

（b）图案应用手提袋

（c）图案应用纸袋

（d）图案应用包装盒

（e）图案应用罐头

（f）图案应用包装袋

图5-33　“岱走岱山”图案元素创意产品［禾作（上海）文化创意有限公司］

图5-33：在进行岱山文创图案设计时，可以利用各种景点、代表文化等观念性的图形载体，将时间、空间、信息等都通过图形传递出来，增添整个设计的愉悦性。

（a）形象设计

（b）形象创意开发

（c）品牌形象

（d）形象应用手提袋

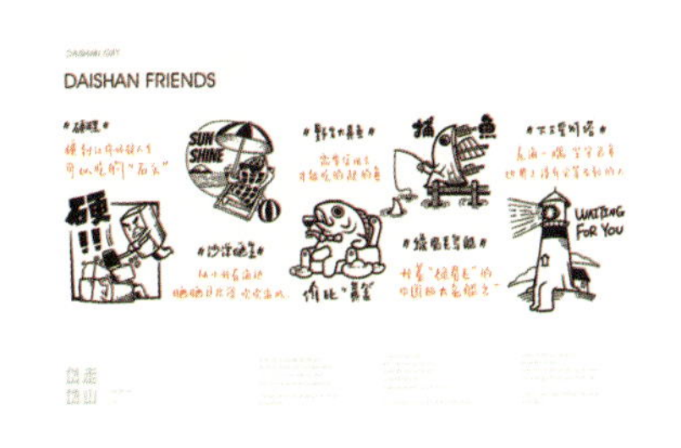

（e）品牌形象衍生

（f）衍生形象创意

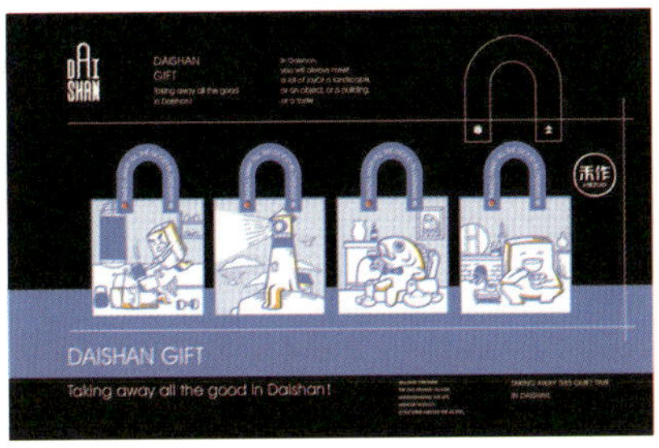

（g）衍生形象应用效果

图5-34：当形象以不同的表达形式出现时，扮演的角色会有所不同，它可以以单一形式存在，也可以和多种元素结合在一起存在。消费者可以通过它认识一座城，通过“带走”它，留存一份独特的城市记忆，产品设计文化也因此而更加丰富多彩。

图5-34　“岱走岱山”形象创意产品［禾作（上海）文化创意有限公司］

四、“和平菓局”食品品牌创意

这套作品以突破传统行业局限，激活北京点心新活力为初心，力图打造一个有品质、有地域特色的伴手礼点心品牌。该品牌结合北京的独特地理位置特征，复刻出老北京市井生活场景，产品创意以“新京点 · 新浪潮”为理念，打破传统行业局限，使传统京城点心焕发全新力量。创意设计将老北京民俗、俚语文化融进品牌，带来多元化综合感官体验，完成品牌视觉与产品造型设计，引领京城点心的新风尚（图5-35～图5-39）。

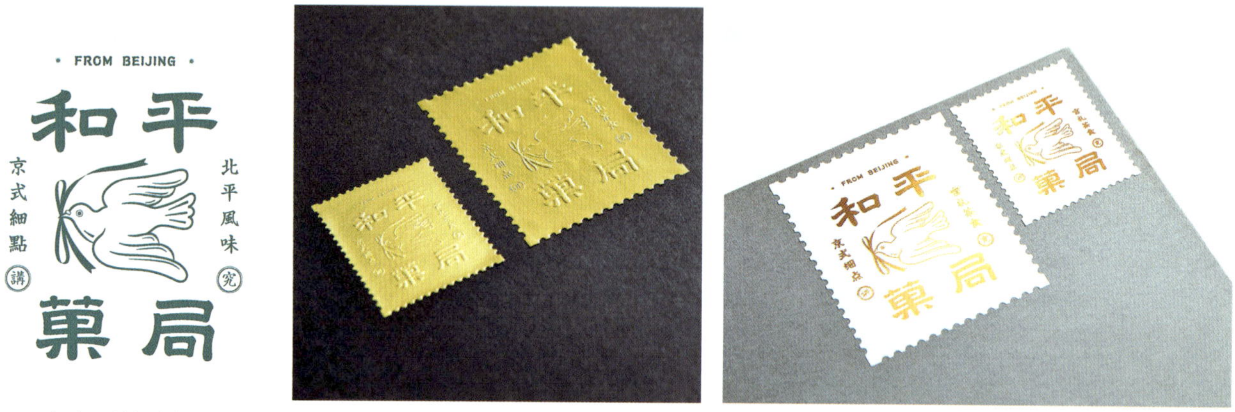

（a）品牌标志创意　（b）印制创意　（c）印刷创意

图5-35 “和平菓局”品牌标志创意（薄荷品牌设计）

图5-35：“和平菓局”是集创新、研发、娱乐、沉浸式体验为一体的新京式点心品牌，专注研发具有高度审美、趣味、文化内涵的北京点心。品牌标志提炼出“FROM BEIJING”的概念，重新定义了京式点心，通过和平鸽图案及品牌名称文字的组合，形成对标志整体关系的认知，从而引导消费者的兴趣，达到增强美誉、记忆等目的。

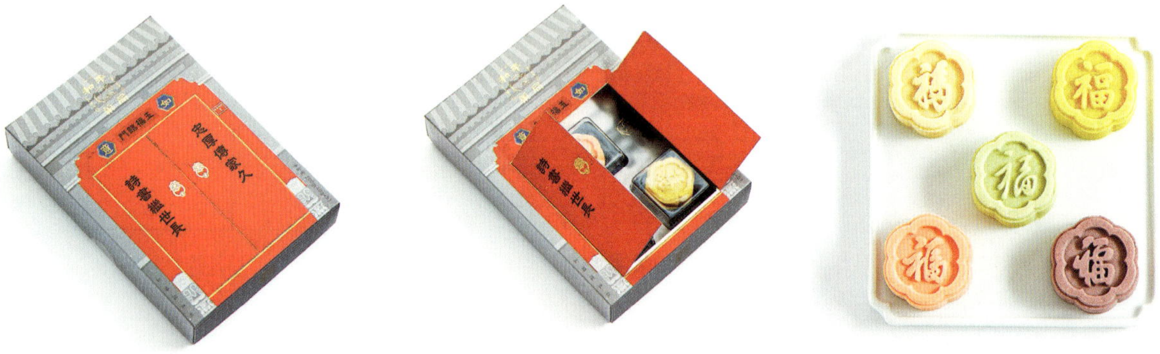

（a）包装盒创意　（b）包装结构创意　（c）产品创意

图5-36 “和平菓局”五福临门创意产品（薄荷品牌设计）

图5-36（a）：包装外观选用当地传统的房屋元素和红色情感，为包装产品进行结构造型和包装的美化装饰设计。

图5-36（b）：运用巧妙的工艺手段，将五福临门的创意主题用开门的结构形式表现。

图5-36（c）：产品结合五种不同风格的福字创意，将寓意幸福吉祥的传达内容以简洁、概括的形式表达出来。

（a）包装盒创意

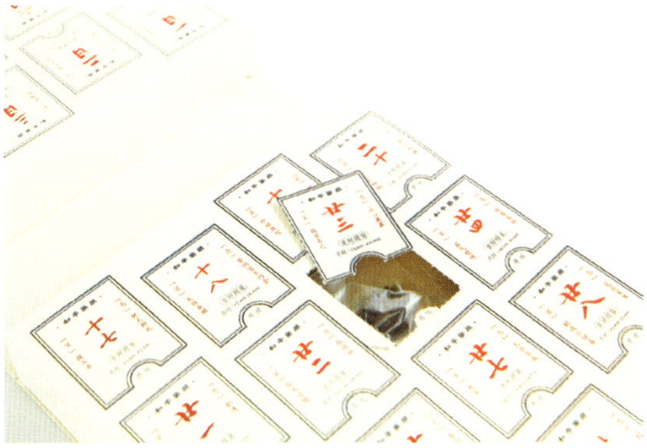

（b）包装结构创意

图5-37　“和平菓局”蜜月创意产品（薄荷品牌设计）

图5-37：通过引用撕纸日历的特性和产品形态的特性来实现包装盒的创意，将蜜月主题与日历结合，使产品在外观上呈现出强烈的吸引力。日期作为一种中间语言，在文化元素和载体之间找到契合点，从而使人产生“一天对应一颗巧克力”的对应元素联想，与产品产生共鸣。

（a）包装盒创意

（b）产品创意

图5-38　“和平菓局”福寿安康创意产品（薄荷品牌设计）

图5-38：根据“福寿安康”的主题创意设计，对产品进行综合、分析、归纳、概括，通过哲理的思考，化抽象为形象，将设计的主题概念由抽象的祝福情感表现，逐步转化为具体的文字、图形的形象产品设计。

图5-39　“和平菓局”板砖萨其马创意产品（薄荷品牌设计）

图5-39：将萨其马包装设计成板砖的样子，分青砖和红砖两种，对应原味和黑糖口味。这个独特的板砖视觉效果，呈现了和平菓局的胡同色彩，在借用板砖的形象，作为产品包装呈现时，简洁明了，视觉双关，可以让人在视觉上直观地联想到产品代表的时代地域及文化特征，使产品的品牌和背景文化相呼应。

本章小结

本章主要讲述文创产品设计的步骤与案例解析，对不同产品的文化创意、品牌及载体进行设计说明，在产品设计步骤与案例解析的过程中，根据视觉形象的新型审美观，让设计者与消费者产生共鸣，并给消费者留下深刻印象，从而达到文创产品设计的有效目的。

思政训练项目

选取本地品牌创意的文创产品，进行反复修改，考虑加入本地区经典红色文化，将历史革命事件与英雄人物注入文创产品中，增加推出2～3件新的文创产品。

课后练习

1. 国潮文化所包含的基本要素有哪些？
2. 简述中国风与国潮风各自的插画风格特点。
3. 产品创意载体的结合方式是什么？
4. 总结印刷类产品载体的注意要点。
5. 文创产品包装的功能有哪些？
6. 文创产品包装设计的感官设计理念是什么？
7. 总结品牌产品创意的作用，然后说明品牌产品创意的应用表现。
8. 设计一套本地城市品牌文创产品，其创意内容需包含地域文化，产品创意包括品牌标志、创意载体、产品包装等一系列文创产品，并附上设计说明。

第六章

文创产品设计案例解析

识读难度：★★★★☆

重点概念：传统文化、博物馆、知识产权、品牌

章节导读：

文创产品在大的范围内均以文化为基础，是具有文化内涵的创新性的产品。不同类型的文创产品将文化以产品的形式表现出来，利用原生艺术品的符号、文化元素、人文精神等，对原生艺术品进行重新组合和解读，将文化、产品、创意等几方面结合，从而赋予产品新的生命，这是一种新型的产品表达形式。

PPT课件
请扫码阅读

第一节　传统文化与文创产品

传统文化是一种反映民族特质和风貌的文化，是各种思想文化、观念形态的综合表现。将传统文化中的设计元素应用到文创产品设计中，能提升产品品位。传统文化元素可分为物质文化元素和非物质文化元素。

一、物质文化

物质文化强调的是一种文明状态，能反映历代社会制度，是历史上物质文化和精神文化的综合表现，具有艺术价值，如园林建筑、景观遗址、服饰、历史文物等实质物体。随着旅游业的发展，各地的历史建筑已经成为文创产品设计的重要来源（图6-1）。

（a）鼠标垫

（b）手机壳

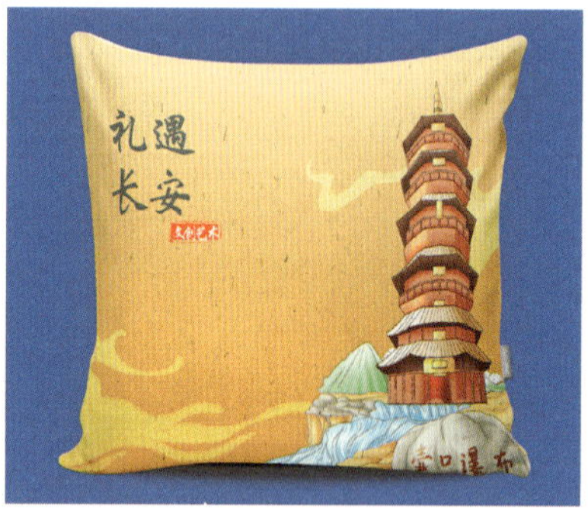

（c）抱枕

（d）食品包装

（e）包装礼盒

图6-1　传统文化古建筑元素文创产品（李孟瑜）

图6-1：古建筑文创是当下最受游客青睐的题材，将古建筑所蕴含的历史和文化，通过具象化的生活场景、真实的历史故事呈现出来，并将其艺术融入日常生活用品、办公文具、食品等进行再创作，能打造出各式各样、充满趣味的古建筑文创衍生品。

二、非物质文化

非物质文化主要是指非物质形态，且有艺术价值的设计内容，是人类在社会实践过程中所创造的各种精神文化，如吉祥文化、传统工艺、戏曲、民俗等。这些文化的内容不直表其意，而是结合载体进行创意设计（图6-2）。

（a）滚印图案

（b）产品包装

（c）产品套装

图6-2：中国的吉祥文化源远流长，吉祥语是一种情感驱动符号，驱使着消费者有意愿购买文创产品。基于吉祥元素设计文创产品，必须先了解语义和表达方式，以共同的吉祥观为内涵。以吉祥物品、吉祥纹样、吉祥色彩为载体，共同组成表达人们祈福纳祥的美好愿望。

图6-2 《慢物质新年礼：2021，全力以富》吉祥元素文创产品（慢物质）

第二节　博物馆文创产品

将文创产品运用到博物馆中，以博物馆的馆藏资源为原型，吸收和转化博物馆藏品的人文价值，重构出具有审美价值、文化价值、实用价值的新产品，拓展文化影响力，创造经济价值。

一、故宫博物院

北京故宫博物院是在明朝、清朝两代皇宫收藏的基础上建立起来的综合性博物馆，也是中国最大的古代文化艺术博物馆，其文物收藏主要来源于清代宫中旧藏。文创产品主要以珠宝首饰、摆件、文具、服饰、生活家居、配饰等为主。随着文创种类的丰富提升，故宫文创的影响力也在不断提高，逐渐成为故宫对外进行文化传播的重要载体。

1. 珠宝首饰

故宫系列文创首饰不仅将宫殿、如意、瑞兽等诸多元素融入首饰设计中，还采用了镂胎、花丝、錾刻、镶嵌、修金等工艺手法，这使得年轻人在追逐时尚的同时，对传统文化和艺术有了新的理解（图6-3）。

2. 日用摆件

选择故宫文物中某个突出的特点，如造型、图案、结构、人物、事件等进行创作发挥，应用在各种各样的商品中。相应地，文创产品通常是成系列的，而且有明确的定位和目标人群（图6-4）。

图6-3（a）：本品设计灵感源自故宫博物院藏品《玳瑁边嵌牙松鹤柏鹿图挂屏》，设计师提取鹿角进行设计，搭配玉饰，复古中不失时尚，表达美好祝福。在传统文化中，鹿与“禄”谐音，寓意福禄吉祥，此外，双鹿出游表达出婚姻的含义。

图6-3（b）：此款宫灯耳饰的设计灵感源自故宫宫灯形式，立体造型，繁复而精细，辅以铸造的镂空工艺，垂饰悬挂流苏，灵动精巧，仪态万千。

（a）紫禁瑞鹿首饰

（b）黄金缕 · 宫灯耳饰

图6-3 故宫文创珠宝首饰

（a）大明猫 · 迷你摆件

（b）御前侍卫 · 便签夹摆件

图6-4 故宫文创摆件

图6-4（a）：宫廷御猫文化最早可追溯到明朝，当时宫中饲养最多的动物就是猫。明朝皇帝还在宫中专门设立了“猫儿房”，是宫猫的管理机构。随着时代变迁，宫廷御猫在故宫里代代繁衍，世代守卫在宫中，为满足游客们“将猫带回家”的愿望，故宫文创以故宫猫形象作为创意来源，开发出了一系列栩栩如生的文创摆件。

图6-4（b）：清代的制度较之明代更为完善，皇帝身边日常侍从的侍卫，称为御前侍卫，职责是保卫皇帝的人身安全。这套办公用品摆件在创意设计上力求贴近时尚生活以及与实用功能相结合，使故宫文创成为历史性、知识性、艺术性、生活性、时尚性、趣味性等多元化融合的产品。

3. 文具

故宫文具品种繁多，包含学生文具、办公文具、商务文具、礼盒文具和益智类文具等，形成了故宫文具品牌。通过日常使用频率很高的文具，让收藏在故宫里的文物传达历史文脉，使历史与传统更具生命力。“故宫文具”在设计上兼具高实用性和趣味性，充分表达了以故宫为代表的文化与美学（图6-5）。

4. 生活家居用品

创意生活家居用品与产业业态相适应，与产业链条相融合，从终端市场消费需求出发，通过实物载体来表达故宫文创的情感特征，从而促进经济与文化的综合发展（图6-6）。

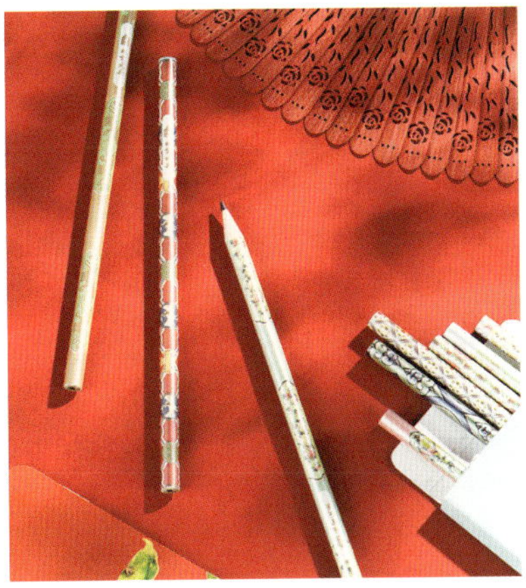

（a）彩绘系列铅笔

（b）脊兽笔记本

图6-5　故宫文创文具

图6-5（a）：这套故宫建筑彩绘系列产品的设计灵感来源于故宫的经典建筑彩绘，经过重新提取纹样元素，设计为笔身图案。笔身图案精美，色彩自然柔和，清新典雅而不落俗套。

图6-5（b）：三款脊兽笔记本的设计灵感来源于太和殿脊兽中的斗牛、獬豸、狎鱼形象，笔记本封面分别采用故宫经典黄、红、蓝三色，封面材质质感温润，彩丝凹印勾勒出精细线条，从封面渗透出浓郁的文化底蕴。另外，笔记本内页还设计有小怪兽的图文知识。

（a）紫禁冰嬉咖啡杯

（b）咖啡杯设计元素

图6-6　故宫文创咖啡杯

图6-6：这套紫禁冰嬉咖啡杯的设计来源是故宫博物院藏品《冰嬉图》中所绘的“转龙射球”冰上表演项目，图案以鲜明的色彩和金色线条表现出旗手与锦鲤形象，咖啡杯上的旗手手执旌旗，引领咖啡碟上的鲤鱼跃升而起；杯身以进口金料制作花纸，并辅以手工描金技艺，线条流畅，色泽自然美观。

二、中国国家博物馆

中国国家博物馆是世界上单体建筑面积最大的博物馆，藏品包括人面鱼纹彩陶盆、大盂鼎、四羊方尊、后母戊鼎（以前称为司母戊鼎）等。在中国国家博物馆中，各式各样以国博馆藏珍品为“母本”的文化创意产品琳琅满目，并且上线了自己的文创品牌“国博衍艺”，产品主要以国博文房、服装配饰、创意家居、生活配件、摆件雅玩为主，每一件文创产品均带有浓浓的中国元素和厚重的历史感（图6-7、图6-8）。

（a）新青年文具套装　　（b）金陵十二钗填图绘本套装

图6-7　国博衍艺文具产品系列

图6-7（a）：中国共产党成立百年之际，国博衍艺以《新青年》杂志为原型，设计了这款文具套装，以回顾这一段历史，学习“新青年”之精神，充分发挥青年力量。笔记本采用烫金压印技术，纹里封面更有质感，书本平摊便于书写，米色护眼内芯，科学行距、顺滑不渗墨。金属签字笔为钢琴笔杆，电镀笔夹，质感光泽经久耐用。

图6-7（b）：一本手绘笔记本就是一本小型红楼图鉴，金陵十二钗设计灵感就来源于《红楼梦》。该创意绘本结合《大观园》的人物场景描绘，截取其中最具代表性的人物典故。页面形式丰富，彩色铅笔采用环保材料，每一枚书签背面都有对应的诗文，可夹在对应人物页中，让消费者进一步感受红楼文化的熏陶。

图6-8：中国古代每年考进士时，正值三月杏花开放，当时诗人把杏花称为“及第花”。燕子在古代被称为玄鸟，有吉祥鸟之称。这款寓有“科举顺利，及第有望”之意的徽章，双燕栖息于杏花枝间，一只叼食，一只回首翘望，神态逼真，构成了一幅大地回春，春色满园，生机盎然的画面。徽章不仅可以作为服饰搭配，还可以别在书包、窗帘等家居配件上，既突显个性又体现细节精致感。

（a）瓶型　　（b）圆形

图6-8　国博衍艺《杏林春燕徽章》配饰

三、陕西历史博物馆

陕西历史博物馆是一座综合性博物馆，其建筑为“中央殿堂、四隅崇楼”的唐风建筑群，外观突出了盛唐风采。历史上先后有周、秦、汉、隋、唐等十三个封建王朝在此建都，具有丰富的馆藏文物包括商周青铜器、历代陶俑、汉唐金银器、唐墓壁画等，承载着华夏5000年的文明。

陕西是文博大省，文创产品要抓住秦代与唐代的特色人物与藏品进行开发设计，产品主要以创意文房、家居摆件、生活潮品、服装配饰等为主（图6-9、图6-10）。

四、敦煌博物馆

敦煌以石窟、壁画闻名于世，佛教壁画、雕塑被列为世界文化遗产。无论是古代丝绸之路，还是现代“一带一路”，敦煌艺术具有旺盛的生命力，对中国传统审美产生了深远影响。作为敦煌传统文化的传承代表，敦煌博物馆将敦煌元素与流行文化相结合，使敦煌传统文化以崭新的面貌进入公众视野，形成别致的敦煌国潮文化，主要产品以书画经文、手账周边、生活潮品、包袋服饰为主（图6-11、图6-12）。

（a）杜虎符橡皮

（b）一纸千年系列胶带

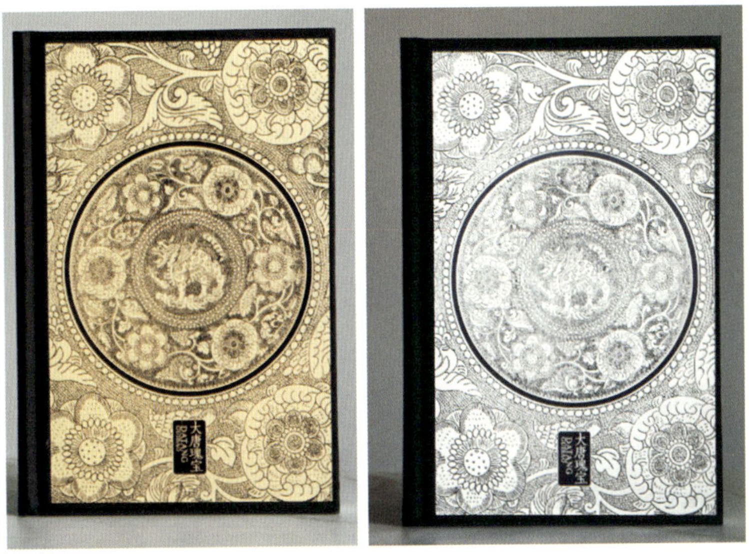

（c）大唐瑰宝精装本

图6-9　陕西历史博物馆文房产品系列

图6-9（a）：该设计源于战国秦代文物杜虎符，虎作走形，昂首蜷尾，正面突起如浮雕，背面有槽，是古代朝廷用于传达命令、调动军队的一种特殊凭证。橡皮采用环保材质，安全无异味，清洁能力强，无须用力擦拭，外观来源于文物的独特造型，图案清晰、个性、精美。

图6-9（b）：纸胶带文创产品的设计灵感源于陕西历史博物馆所藏的青铜器纹饰、瓦当纹饰、唐墓壁画等文物中的吉祥图案，款式色彩以青铜兽面、兽纹瓦当、秦杜虎符、大唐狩猎四种图案形成不同风格，通过这些纹饰，可以直观地感受到传统文化的审美和价值观。

图6-9（c）：大唐瑰宝精装笔记本的设计元素源于何家村金银器《鎏金飞狮宝相花纹银盒》中的纹饰，用烫金和压凹的工艺，展现雕琢精巧的金银纹饰，利用黑色与金银色的大反差让文物纹饰从封面中凸显出来，从而带来极大的视觉冲击力。

（a）唐仕女陶瓷摆件

（b）国宝系列冰箱贴

图6-10　陕西历史博物馆家居潮品系列

图6-10（a）：《大唐风韵·唐仕女摆件》以永泰公主墓出土的《宫女图》中经典持杯仕女和唐三彩伸手女俑、袖手女俑和拱手女俑为造型，采用现代高温白瓷烧制成型，辅以梅子青、蓝、紫、鹅黄等釉色，再现唐代仕女之华贵高雅。唐仕女仪态万方，面容雅致，身着色彩淡雅的襦裙，如清风拂面，雨润心田，平添一份清新之感。

图6-10（b）：这套国宝系列的锌合金材质冰箱贴运用线条增强了立体感，造型取自陕西历史博物馆收藏的仕女俑、唐三彩马、兽首玛瑙杯等，其中最畅销款为杜虎符冰箱贴。

（a）遇见敦煌纸雕灯手账礼盒

（b）伎乐天系列手工笔记本

图6-11　敦煌博物馆文具系列

图6-11（a）：这套文具的创意取自敦煌石窟壁画《鹿王本生图》，使用叙事结构，将手账礼盒设计成双重景观，包装亦是灯箱，灯串在内部自由安装，在暗处点亮表现出夜景效果。

图6-11（b）：伎乐天是佛教中的香音之神，是佛教中欢乐吉祥的象征。该笔记本纹饰图样分别来自敦煌博物馆“极乐系列”“再创敦煌系列”的纹饰图样元素，浓郁的敦煌元素和独特的色彩相碰撞，与精美的壁画相得益彰，共同展现敦煌文化的艺术之美。

（a）伎乐天滑板　（b）九色鹿帆布袋　（c）极乐丝巾

图6-12　敦煌博物馆潮品配饰系列

图6-12：敦煌文化的核心意蕴是慈悲、智慧、美丽，敦煌博物馆作为敦煌传统文化的传承代表，为了使抽象的历史文化与更多的年轻消费者接近，运用文创产品，突破古典艺术与现代前卫文化的界限，从敦煌壁画中整合提炼出飞天、佛系、极乐、伎乐天、九色鹿、藻井图案等系列主题，设计出独特的品牌符号与视觉识别系统，并创新组合在一起，使敦煌传统文化再一次焕发生机。

五、苏州博物馆

苏州博物馆是具有代表性的吴文化博物馆，是吴文化在苏州地区的见证与载体，集中展示了吴地的特色物质、制度和精神文化，自带一种文艺气息和艺术气息。在开发鲜明地域特色的文化创意产品上，有着得天独厚的资源保障，苏州博物馆内的文化创意产品的开发主要为典藏精品、文具用品、家居日用品、饰品配件、非遗工艺等五大类（图6-13～图6-16）。

（a）《山水间》文具置物座　（b）展示效果

图6-13　苏州博物馆文具置物座

图6-13：这款名为《山水间》的文具置物座，设计灵感源于苏博馆内的假山石。产品采用优质实木，耐用环保，置物座上有几个大小各异的圆孔，可容纳不同类型的笔。木片作为假山，实木底座是一个滑道，可以根据喜好来调整山的位置，自由移动，灵活展现不同的山水意境。

（a）瓷之色系列墨水·钧瓷

（b）墨水效果

图6-14　苏州博物馆钧瓷彩墨

图6-14：钧瓷是中国五大名窑瓷器之一，它以“入窑一色，出窑万彩”的神奇窑变闻名于世，色彩以青色为基调，烧制而成蓝中带红紫、纯天青等多种釉色，呈现乳浊而不透明、天青色乳光的效果，液滴流动时逐渐氧化至蓝紫色，如蔚蓝波光中泛出紫浪，温润纯净。

（a）木刻冰箱贴

（b）《唐寅泡》袋泡花茶

图6-15　苏州博物馆家居用品

图6-15（a）：该产品创意源于苏州博物馆自身的优美景色，将自身最具代表性的翠竹、芭蕉、藤枝这三种植物作为主题，用杨木材质制作成冰箱贴，使自身建筑形象巧妙融入产品中。

图6-15（b）：这款《唐寅泡》袋泡花茶以唐伯虎的形象作为茶托，将唐伯虎设计为睡觉、大笑、喝醉等多种造型，还原了唐伯虎真实的人生境遇，每款茶包形象背后都有两句唐寅的诗句，一反他曾经给人的刻板印象，用茶包让观众认识到真实的唐伯虎。

（a）古风真丝团扇

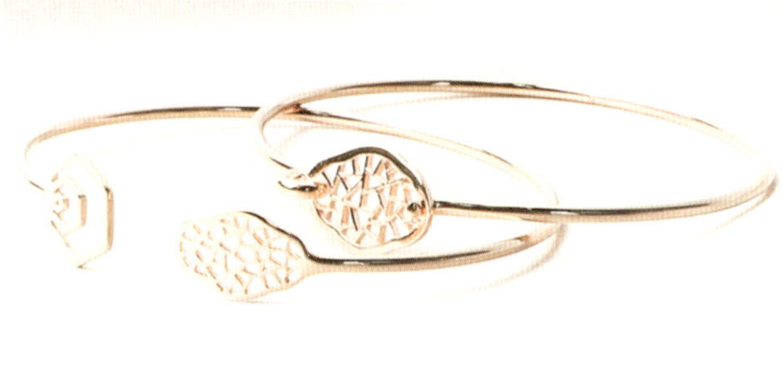

（b）海棠花窗手镯

图6-16　苏州博物馆工艺饰品

图6-16（a）：苏州丝绸刺绣文化十分浓厚，藏品中也有很多知名的刺绣作品，将馆藏《山水画册》作为图案形象的艺术风格，制作成古风真丝团扇，在增添诗意的同时也享受文化盛宴。

图6-16（b）：花窗隐于园林中、民间宅院里，透过花窗往里往外都是一种景象，苏式花窗是园林的点睛之作。该手镯饰品选取博物馆内的海棠花窗为设计元素，将花窗的精致典雅赋予其中。

六、大英博物馆

大英博物馆是一座综合性博物馆，世界四大博物馆之一，收藏了世界各地的许多文物和珍品，藏品之丰富、种类之繁多，为全世界博物馆所罕见。鉴于博物馆馆藏品类的丰富多样，集结了来自世界各地的不同地域特色，大英博物馆选取其中代表性最强、知名度最高的明星藏品进行全方位开发，范围包括文具用品、生活日用品、数码产品、服饰等，使得消费者有更广泛的选择（图6-17、图6-18）。

大英博物馆中的文创产品开发不仅局限于馆藏品，还开发出一系列游客喜闻乐见的文创产品。例如，承载英国人童年记忆的小黄鸭、英国文学童话爱丽丝、福尔摩斯等都被全方位系列化地开发创造为博物馆文化创意产品，具有英国地域文化特色（图6-19）。

（a）中性笔

（b）日历便签夹小摆件

（c）风暴瓶

（d）抱枕

（e）埃及风迷你充电宝

（f）卫衣

图6-17 《盖亚 · 安德森猫》主题系列文创产品

图6-17：《盖亚 · 安德森猫》是大英博物馆的馆藏青铜雕塑作品，出土自埃及，是比较知名的世界级珍品。自从被作为设计灵感用于文创产品之后，安德森猫被开发出一系列不同的Q版造型，还原了盖亚 · 安德森猫最重要的特点，广泛应用在文具、摆件、水杯、充电宝、服装等各种载体上。

（a）笔记本

（b）玻璃杯

（c）骨瓷温酒器

（d）靠枕

（e）多功能透明单肩包

图6-18 《神奈川冲浪里》主题系列文创产品

图6-18：该主题系列创意源于馆藏的日本著名画作《神奈川冲浪里》，画面中除了那醒目的蓝颜色，最有特色的是鹰爪形状的浪花，既突出了海浪的威胁，画面的视角又低于扬起来的海浪，无形之中给人一种身临其境的危机感。

（a）书签

（b）首饰品

（c）茶具套装

（d）手拎包斜挎包

（e）走马灯蜡烛礼盒

图6-19 《爱丽丝漫游奇境》主题系列文创产品

图6-19：《爱丽丝漫游奇境》中的奇幻世界不仅吸引着儿童，也让无数的成年人为之着迷。大英博物馆珍藏着一套《爱丽丝漫游奇境》书中插画的校样版画，以这套插画藏品为灵感，大英博物馆推出了包括杯具、饰品、文具在内的一系列文创新品。

补充要点

博物馆文创产品的分类

1. 典藏复制品。这类文创产品能让参观者将喜欢的复制藏品带回家，打破参观者与博物馆之间的距离感。
2. 出版品。这类文创产品包括平面印刷类和电子出版物，如游览手册、图书、期刊、图录、文学作品等；游戏动画、影视歌曲、电子光盘、应用软件等。
3. 艺术纪念品。这类文创产品是从博物馆建筑、代表性藏品、主题展览等文化资源中直接复制或提取元素后，经过设计元素重构，将其运用到各种载体上开发出来的文化产品。
4. 体验类产品。这类产品通过实地体验和各种新媒体技术，将体验要素融入文创产品或博物馆服务中。

第三节　知识产权与文创产品

文化创作的知识产权是文化的全程展现，是内容、故事、产品、符号的集合体，能形成文创设计的核心。

一、动漫文创

动漫文创由动漫衍生而出，是具有一定影响力和代表性的品牌形象，通过知识产权授权、合作、出版、衍生品开发、影视漫画改编等形式，帮助知识产权所有者获得经济收益（图6-20）。

（a）优衣库品牌联名

（b）奥利奥品牌联名

（c）小米品牌联名

图6-20：《精灵宝可梦》从游戏开始，到后来衍生出电视动画片、电影周边产品，受到极大追捧，皮卡丘更是全世界著名的卡通形象之一。宝可梦的跨界联名系列多不胜数，包括肯德基、GU、优衣库、施华洛世奇、奥利奥、小米、野兽派等国内外知名品牌，其相关周边产品销量可观。

（d）电影

（e）主题商店

（f）玩具店

图6-20 《精灵宝可梦》动漫文创品

二、游戏文创

游戏知识产权与文创产业融合后形成了全新的复合型产业链，由多个行业携手参与，持续游戏内容与传统文化融合，打造一条规范、系统的游戏知识产业链条（图6-21）。

三、体育文创

体育文创知识产权一直依托体育赛事而发展，设计创意主要取决于"吉祥物"形象。体育文创产品与大型赛事结合，设计出一系列具有赛事理念的产品（图6-22）。

（a）《新笑傲江湖》苗族服饰创意

（b）《一梦江湖》敦煌飞天创意

图6-21　游戏与文创联合

图6-21（a）：文创产品在游戏中比较常见的形式是利用某些元素或形象进行创作，《新笑傲江湖》手游与西江千户苗寨、苗族非遗传承人合作，以数字技术在游戏内复原苗族风情，定制苗族银饰、蜡染、苗绣等非遗产品，探索民族记忆，展现中华民族精粹，具有丰富的美学和文化价值。

图6-21（b）：利用文创设计给产品带来年轻化体验，吸引更多年轻人关注。在《一梦江湖》敦煌文化主题联动中，敦煌主题家具屏风"飞仙子 · 杂"采用菩提木打造，雕刻有敦煌特色的飞天反弹琵琶图案，时装以壁画中经典的舞乐飞天形象设计，采用壁画中常见的高饱和度配色，展现了唐代敦煌文化的厚重与佛教的美学底蕴。

图6-22：体育文创产业是体育文化、体育创意、体育产业三者深度融合的产业，体育周边文创产品市场庞大，大众也有一定购买力。体育行业是一种文化输出方式，如今很多赛事主办方会做一些赛事纪念品，结合地域文化特色进行设计制作，让当地文化快速传播，进而加速体育行业的经济增长。

（a）主题商店

（b）吉祥物摆件

（c）手绘陶瓷装饰

（d）纪念徽章

（e）手环饰品

图6-22　《2018俄罗斯国际足联世界杯》体育文创产品

四、旅游文创

文化是旅游的灵魂，现代旅游将人文、社会、自然相结合，这种新形式对旅游文创产品提出了更高要求（图6-23）。

五、品牌文创

品牌能通过创意设计与消费者之间形成互动。现在几乎所有文创产品都在通过创造品牌来提升产品的竞争力（图6-24）。

（a）乌镇竹编

（b）江南蛋画

（c）乌酒

（d）戏剧节表演

图6-23　旅游文创品

图6-23：乌镇是典型的中国江南水乡古镇，完整保存了民国时期水乡古镇的风貌和格局，有“鱼米之乡、丝绸之府”之称。作为一个有1300年历史的古镇，乌镇结合自身文艺、浪漫的特点，衍生出戏剧文化表演主题，使乌镇旅游产业的内涵更加丰韵和多姿多彩。

（a）腾讯鹅主题乐园

（b）盒马鲜生文创

图6-24　品牌文创品

图6-24：品牌有着高辨识度，自带流量，是文化之间的连接融合，形象是品牌设计的可视化和生动化产物，更容易被消费者接受，如腾讯鹅、盒马河马等企业都有着自己的品牌形象。

第四节　地域与文创产品

地域文化是指某一区域的地理状况、民俗、传统、习惯等，在历史发展过程中经过了长期积淀，在生产、生活方式上具有独特的核心。

一、华南地域

华南地域的文化又称为岭南文化，涵盖文学、绘画、书法、音乐、戏曲、建筑、宗教、饮食等众多内容。在华南地域文化中又分为广府文化、客家文化、潮汕文化，构成了汉族岭南文化的主体。

1. 广府文化

广府文化常被称为广东文化，如广东话称为粤语，广州戏剧、音乐分别称为粤剧、粤曲，广州工艺品的重要品类称为广绣、广彩、广雕、广式家具、广珐琅等（图6-25）。

2. 客家文化

客家文化是以汉民族传统文化为主体，融合少数民族文化而形成的一种多元文化，它具有中原文化深厚的底蕴，反映出移民群体的文化面貌。千百年以来，客家人极力保留自己的独特文化，创造出丰富多彩的客家文化（图6-26）。

3. 潮汕文化

潮汕文化既具有鲜明的地域特色，又带有一定的中原文化特点，主要分布在广东、香港、澳门、台湾、海南等地区，贯穿于潮汕人的社会生活之中，如潮汕歌舞、工夫茶、潮汕饮食、潮绣、潮剧、潮乐、潮汕木雕、潮汕民居等文化影响深远（图6-27）。

（a）粤剧文创产品　　（b）醒狮文创产品

图6-25　广府文化创意产品

图6-25（a）：粤剧又称为广府大戏，是世界级非物质文化遗产之一。将粤剧文化的精华元素提炼出来，融入现代设计手法，既要符合当代人的生活需要和大众的审美水平，又要保留粤剧文化的象征因素，体现出创新发展理念，探索多行业合作交流，创造出消费者喜爱的优秀文化创意产品，让年轻一代关注并喜爱粤剧。

图6-25（b）：醒狮是融武术、舞蹈、音乐等为一体的文化活动，是广东特有的民间舞品牌，也是国家级非物质文化遗产之一，文化价值和意义深远。该系列作品以广东醒狮为原型，表现出广东醒狮的文化内涵和美学价值，并衍生出玩具、包装等文创产品，让传统文化焕发出新的时代气息。

（a）陶瓷雕塑

（b）茶具

图6-26　客家文化创意产品

图6-26：围龙屋是一种极具岭南特色的典型客家民居建筑，保存了客家的民俗风情和人文传说，是客家文化的重要象征。在文创产品设计中增加了对建筑的辨识度，产品融合了中国传统陶瓷工艺与现代陶瓷技术，融实用性、观赏性、艺术性为一体，并且能够带来强烈的视觉冲击力。

（a）潮剧盔头

（b）小笼包快客杯

图6-27　潮汕文化创意产品

图6-27（a）：潮剧盔头是传统戏剧角色身份的象征，是潮剧艺术的重要组成部分。制作样式严格按照剧装“衣箱制”的传统套样制作，共有七道工序，环环相扣，精工细琢，具有浓郁的潮汕地方文化艺术特征，与传统潮剧戏服搭配，富有古典审美特征。

图6-27（b）：潮州工夫茶是中国茶艺中最具代表性的一种，既是一种茶艺，也是一种民俗。该套茶具以小笼包为设计原型，巧妙演变成一壶三杯的小笼包工夫茶具套装，包能纳百馅，寓意有容乃大、包容万象的人格魅力；以蒸笼作为茶盘，象征蒸蒸日上的生活态度，茶具套装包含团聚美好，和谐圆满的精神期许。

4. **桂系文化**

桂系文化又称为广西地区文化，从属于岭南文化，文化地域性特征较强，影响力较大（图6-28）。

广西各少数民族具有灿烂的文化艺术，如壮族的铜鼓、花山崖壁画早已闻名中外，织锦、刺绣、陶瓷、竹编、芒编等工艺品，搭配壮族干栏式建筑、侗族风雨桥、鼓楼等民族建筑，成为广西各少数民族文化艺术的瑰宝（图6-29）。

5. **海南文化**

海南是以汉族移民文化为主调，以黎族文化为特色的多文化体系。海南文化将各种文化汇聚在一起，相互激荡交融，形成了海南地域文化的多元性人文特质（图6-30）。

图6-28　广西民族娃娃形象创意产品

图6-28：广西12个世居民族娃娃是一组形象鲜明、生动活泼的民族卡通形象，每个“民族娃娃”代表着一个世居民族形象，衣着、饰品、头型等均体现出本民族特征。在动作上，一些“民族娃娃”拿着本民族最具特色的器物，附带载歌载舞的舞蹈动作，具有强烈的民族地域特色。

（a）壮锦纹样元素茶杯

（b）侗族形象摆件

图6-29　广西文化创意产品

图6-29（a）：壮锦是广西壮族地区一项最具代表性的民族手工艺品，也是中国四大名锦之一，历经千余年发展，自成体系。该茶杯以壮锦传统纹饰图案为基础，体现了浓郁的广西民族文化符号，从多角度向公众展示民族纹样创意产品的独特魅力。

图6-29（b）：侗族的主题形象丰富，以鲜活生动的表现形式，开发出具有侗族特色的文创产品，向消费者演绎侗族文化。

（a）黎族织锦文创　　（b）海南椰雕文创

图6-30　海南文化创意产品

图6-30（a）：黎族织锦制作精巧，图案花纹精美，主要以织绣、织染、织花为主，在纺、织、染、绣方面均有本民族特色，是体现妇女审美意识、生活风貌、文化习俗、宗教信仰、艺术积累的文化现象。将人们的生活与现代审美结合起来，开发出黎族织锦生活用品、服饰等，充分利用海南少数民族文化符号来打造文创产品，利用不同载体进行传播，让少数民族技艺得到传承。

图6-30（b）：椰雕是以椰壳、椰棕、椰木为原料，用手工雕刻成的实用艺术品，是海南岛的特产之一。产品有小巧玲珑的果盘、饭碗、酒盏、首饰盒、椰珠项链、茶具、酒具、花瓶、台灯等，样式新颖，造型古朴，融观赏性与实用性于一体，具有浓郁的海南风格。

二、江南地域

江南是指长江中下游以南地区，东南丘陵北部的江浙长三角地区。江南是中华汉文明的发源地之一，对中国和东亚的历史发展有着极为重要的意义。

1. 金陵文化

金陵文化以南京为中心，南京作为“六朝古都”“十朝都城”，文化光辉灿烂，涵盖六朝文化、明清文化、民国文化、当代文化，将古都与文化融合，彰显出南京文化的兼容并蓄、开放包容的特色（图6-31）。

2. 吴越文化

吴越文化是江浙区域文化，范围包括今上海、江苏南部、浙江、安徽南部、江西东北部，是江南文化的代表。吴越文化的创新和传承，赋予了锦绣江南特有的柔和、秀美，融合江浙等地精雅文化的审美取向（图6-32）。

3. 徽文化

徽文化是古徽州一府六县文明的集合，是极具地方特色的区域文化。千百年来，徽州地域相对稳定，在物质、精神文化层面上都具有深厚的创造。徽州文化内涵十分丰富，包括徽派建筑、徽州文学、徽州戏剧、徽派版画、徽派篆刻、徽商、徽菜等（图6-33、图6-34）。

图6-31：南京在源远流长的历史变迁中形成了南北交汇的多元文化，保留了丰富的历史文化遗产，具有极高的历史、文化、艺术价值。基于南京文化元素研发的建筑群、城墙系列、科举系列、秦淮风光、民国系列、非遗产品等多个文创产品，体现出南京本土历史风貌，将南京文化元素逐一展现。

（a）六朝时韵杯

（b）南京冰箱贴

（c）金陵十二钗云锦挂件

（d）科举摆件

（e）民国风小酒

图6-31　金陵文化创意产品

图6-32：由于吴越文化和水有密切关系，千百年来凭借川流交错的河道与一望无际的海洋，为江南灌注了文化活力，也为江南带来了繁盛的经济实力和优雅的文化内涵，如小巧雅致的江南园林文化、越剧与昆曲文化、西湖文化、苏绣、越窑等都能成为文创设计的主要元素。

（a）上海建筑文创

（b）江苏工艺文创

（c）昆曲文创

（d）越剧文创

图6-32　吴越文化创意产品

（a）徽派建筑文创

（b）徽派建筑梅花窗文创

图6-33　徽派建筑文化创意产品

图6-33：徽州民居大多依山傍水，将民居建筑和所处的环境看成一体，雕刻装饰充满了艺术气氛，在特定时空文化状态下形成了人与建筑、建筑与自然和谐统一的哲学观念，是中式美学的独特代表。

（a）徽州文房四宝

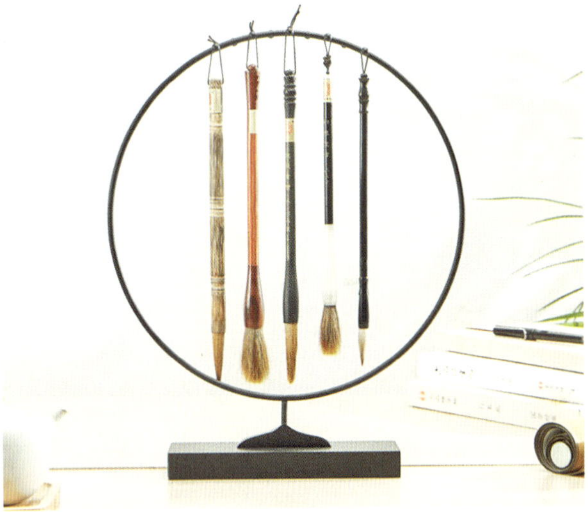

（b）毛笔架装饰

图6-34　徽派文房文化创意产品

图6-34：徽派的笔墨纸砚特指宣笔、徽墨、宣纸、歙砚，它们几乎是中国文房四宝的代名词，为历代文人墨客所追捧，再加上精湛的雕工和细致的制作手工艺，自然古朴的造型与各色纹理，美观实用大方，不仅象征着当时徽州经济的辉煌，也象征着徽州文化的发展。

补充要点

地域文化的内容

1. 自然环境。如沙漠戈壁滩、西藏高原、张家界森林、桂林山水、内蒙古大草原等自然环境，都体现着独特的地域文化特色。

2. 特色标志建筑。如八达岭长城、北京四合院、贵州吊脚楼等，都是有着浓郁地域文化特色的建筑符号。

3. 民俗民风。如傣族泼水节、壮族情歌对唱、蒙古族骑马摔跤等，都是具有地域文化价值的生活方式和精神文明。

4. 宗教信仰。如宗教建筑、音乐、文学典籍、雕塑、绘画等，都是宝贵的传统宗教文化产物，在潜移默化中对人们思想有着深刻影响。

5. 地域民族性格。如上海人精致细腻、成都人闲适从容、东北人豪放爽朗等，都体现着不同地域的精神文明。

本章小结

在文化创意产品前加上范围限定，对不同类型、地域文化的背景体系及文化创意进行研究开发，设计出满足消费者精神文化需求的创意产品，是具有文化属性、市场属性和教育属性的文化载体。本章讲解了不同类型的文创产品，对各限定的文创产品与文化创意的结合分别做了介绍归纳，体现出文化的丰富性，以文创知识产权来引导创新设计。

思政训练项目

考察当地革命纪念馆或博物馆，对其中一件馆藏文物进行深度分析，从中提取设计元素，思考元素的来源与特征，根据文物与设计元素设计2～3件文创产品。

课后练习

1. 总结一下传统文化的创意设计表现。
2. 博物馆文创的依据是什么？
3. 博物馆文创产品的类别有哪些？
4. IP引导的新文创有什么作用？
5. IP的授权模式是什么？主要授权方式有哪些？
6. 了解地域文化的含义。
7. 岭南文化又分为哪些地区文化？各地区文化有什么特点？
8. 江南的代表文化有哪些？思考中式风格是指哪种文化的应用表现？
9. 掌握地域文化的具体划分内容。

参考文献

[1] 姚湘，胡鸿雁．文化创意产品设计［M］．北京：北京大学出版社，2020.

[2] 钟蕾，李杨．文化创意与旅游产品设计［M］．北京：中国建筑工业出版社，2015.

[3] 于爱晶．文创产业的创新、融合与实践［M］．北京：北京联合出版有限公司，2020.

[4] 薛可，余明阳．文化创意学概论［M］．上海：复旦大学出版社，2021.

[5] 黄言涛．文化创意产品项目实训教程［M］．西安：西安电子科技大学出版社，2020.

[6] 崔瑜．文化创意产业发展研究—基于文化根植的视角［M］．北京：经济管理出版社，2019.

[7] 丁伟．文创设计新观：设计力量激活文化价值［M］．北京：北京理工大学出版社，2018.

[8] 厉向东，彭韧．产品设计创意与技术开发［M］．北京：人民邮电出版社，2017.

[9] 秦宗财．文化创意产业营销：理论与实践［M］．安徽：中国科学技术大学出版社，2013.

[10] 魏鹏举．文化创意产业导论［M］．北京：中国人民大学出版社，2010.